高等院校互联网+新形态教材·经管系列(二维码版)

会计信息化综合实训
(微课版)

张 霞 陈立新 主 编
牛丽云 杨 扬 副主编

清华大学出版社
北 京

内 容 简 介

本书以突出财务工作实务为指导思想，以制造企业的常见经济业务为原型，采用企业经济业务仿真原始凭证，从模拟企业基本情况介绍、模拟实训的流程及要求、模拟实训的组织及评价、建账资料、记录经济业务发生的原始凭证、会计信息化环境下的账务处理和期末处理及报表编制等方面构造会计信息化综合实训，以培养学生的综合实践技能为宗旨，特别突出了会计信息化环境下财务业务一体化的思想。

本书既可以作为本科院校及应用型本科院校会计学、财务管理、信息管理等专业的实训教材，也可作为全国职业院校会计信息化技能大赛的辅导用书，还可作为企事业单位领导、会计管理人员学习会计信息化知识的参考书。

本书封面贴有清华大学出版社防伪标签，无标签者不得销售。
版权所有，侵权必究。举报：010-62782989，beiqinquan@tup.tsinghua.edu.cn。

图书在版编目(CIP)数据

会计信息化综合实训：微课版/张霞，陈立新主编. —北京：清华大学出版社，2021.8
高等院校互联网+新形态教材. 经管系列：二维码版
ISBN 978-7-302-58779-8

Ⅰ.①会… Ⅱ.①张… ②陈… Ⅲ.①会计信息—财务管理系统—高等学校—教材 Ⅳ.①F232

中国版本图书馆 CIP 数据核字(2021)第 143942 号

责任编辑：陈冬梅
装帧设计：李　坤
责任校对：李玉茹
责任印制：沈　露

出版发行：清华大学出版社
网　　址：http://www.tup.com.cn, http://www.wqbook.com
地　　址：北京清华大学学研大厦 A 座　　邮　　编：100084
社 总 机：010-62770175　　邮　　购：010-62786544
投稿与读者服务：010-62776969, c-service@tup.tsinghua.edu.cn
质量反馈：010-62772015, zhiliang@tup.tsinghua.edu.cn
课件下载：http://www.tup.com.cn, 010-62791865

印 装 者：三河市君旺印务有限公司
经　　销：全国新华书店
开　　本：185mm×260mm　　印　张：10.75　　字　数：265 千字
版　　次：2021 年 9 月第 1 版　　印　次：2021 年 9 月第 1 次印刷
定　　价：38.00 元

产品编号：092412-01

前 言

本书以用友 U8 V10.1 会计信息化软件为平台，以一个真实的制造企业经济业务活动贯穿始终，从账套的建立、各子系统的初始化设置、日常业务处理到期末处理、报表的编制，整个流程能让学习者真正地动起来。在具体业务的实训中，全程参与企业经济业务，灵活掌握会计信息化环境下的业务处理流程及具体操作方法。

全书共 7 章，主要内容包括模拟企业基本情况介绍、模拟实训的流程及要求、模拟实训的组织及评价、建账资料、记录经济业务发生的原始凭证、会计信息化环境下的账务处理、会计信息化环境下的期末处理及报表编制。

本书的主要特色如下。

1. 内容实用，仿真性强

主体内容以某制造企业为原型，模拟该制造企业会计信息化环境下会计业务处理的流程；实训内容采用经济业务产生的真实原始凭证，尽力打造和实际工作相一致的情境，力求让学生不出校门就能体验到逼真的会计工作环境，以提高学生的实际操作技能。

2. 结构完整，资源丰富

实训内容将用友 U8 V10.1 各子系统的应用串联起来，突出制造企业利用会计信息化系统进行账务处理的完整性。为便于学生自学，本书根据实训案例给出了具体的操作流程，并针对重点业务、难点业务和易错业务录制了教学微视频，使学生实现移动学习、在线学习、远程学习等多元化学习模式。

3. 注重实际，操作性强

教材内容从实际操作入手，通过实训内容的仿真票据和真实的账务处理流程，让学生置身于企业真实的会计岗位，既能让课堂理论教学与实际操作无缝对接，又能培养学生较强的综合实践能力。

4. 浅显易懂，图文并茂

教材内容重点突出制造企业的业务范围和工作流程，强化企业会计岗位的实际操作技能，语言精练，力求淡化理论、强化实践、重视能力。能够在账务处理的每一步操作中，把较难理解的专业术语转换成浅显易懂的文字和具体形象的图表，便于学习者掌握。

　　本书由山西工程科技职业大学张霞、陈立新担任主编，牛丽云、杨扬担任副主编。具体编写分工如下：陈立新编写第一章，肖芬编写第二章，弓亦婧编写第三章，杨扬编写第四章，赵宇清编写第五章，牛丽云编写第六章，张霞编写第七章。

　　由于编者水平有限，书中不妥之处，恳请读者批评、指正。

编　者

目录

第一章 模拟企业基本情况介绍 ... 1
第一节 模拟企业基本资料 ... 1
一、基本情况简介 ... 1
二、机构设置及人员分布 ... 2
三、产品及生产工序流程 ... 2
第二节 模拟企业财务会计岗位设置及岗位分工 ... 2
一、财务会计岗位设置 ... 2
二、会计信息化岗位分工 ... 3
第三节 模拟企业账务处理程序及主要的会计政策 ... 4
一、账务处理程序 ... 4
二、模拟企业采用的会计政策 ... 5

第二章 模拟实训的流程及要求 ... 7
第一节 实训目的 ... 7
第二节 实训内容及要求 ... 7
一、财务核算系统实训 ... 8
二、财务业务一体化系统实训 ... 8
第三节 实训流程 ... 8

第三章 模拟实训的组织及评价 ... 11
第一节 实训的组织形式 ... 11
第二节 实训成绩的评价 ... 11
一、过程考核 ... 12
二、结果考核 ... 13
三、总成绩 ... 16

第四章 建账资料 ... 17
第一节 基础设置 ... 17
一、基础信息 ... 17
二、系统启用 ... 18
三、基础档案 ... 19
第二节 子系统初始化 ... 22
一、总账系统初始化设置 ... 22

二、薪资管理系统初始设置 … 28
　　三、固定资产管理系统初始设置 … 31
　　四、供应链管理系统初始设置 … 32

第五章　记录经济业务发生的原始凭证 … 39

第六章　会计信息化环境下的账务处理 … 61
第一节　基础设置 … 61
　　一、基础信息 … 61
　　二、系统启用 … 65
　　三、基础档案 … 66
第二节　子系统初始化 … 68
　　一、总账系统初始化设置 … 68
　　二、薪资管理系统初始设置 … 76
　　三、固定资产管理系统初始设置 … 82
　　四、供应链管理系统初始设置 … 85
第三节　日常业务处理 … 97

第七章　会计信息化环境下的期末处理及报表编制 … 143
第一节　期末处理 … 143
　　一、自动转账 … 143
　　二、各子系统期末处理 … 151
第二节　报表编制 … 159
　　一、资产负债表 … 159
　　二、利润表 … 161
　　三、现金流量表 … 161

参考文献 … 164

第一章　模拟企业基本情况介绍

【本章提要】

本章是开展会计信息化综合实训的基础。在对模拟企业基本资料、机构和人员分工情况以及产品与生产工序流程介绍的基础上，阐述了模拟企业财务会计岗位及会计信息化岗位的分工情况，并对其账务处理程序和选用的会计政策进行说明，使学生对企业基本情况有所了解，为后续学习奠定基础。

【学习目标】

1. 了解模拟企业的基础信息。
2. 了解模拟企业财务会计岗位及会计信息化岗位分工情况。
3. 熟悉模拟企业账务处理程序和选用的会计政策。

第一节　模拟企业基本资料

一、基本情况简介

企业名称：山西征途实业有限公司
企业地址：太原市高新技术开发区 1 号
企业类型：有限责任公司
法人代表：张建国
联系电话：0351-7966255
注册资金：200 万元人民币
经营范围：自行车批发与零售
税号：140302897896723
主要经营范围：生产、销售自行车
开户银行：中国工商银行太原分行
账号：622050286543

办公地址:太原市高新技术开发区 1 号

二、机构设置及人员分布

公司设有行政部、财务部、销售部、采购部、生产部、库房等部门,生产部下设生产一部和生产二部,库房下设原材料库、成品一库及成品二库,不设半成品库(见图 1-1)。公司现有职工 15 人,其中行政管理人员 2 人,财务人员 5 人,销售人员 2 人,采购人员 1 人,生产人员 4 人,库管人员 1 人,生产过程中所耗原材料主要为车轮、车圈、轮胎等。公司于 2012年 12 月 1 日开始实行会计信息化。

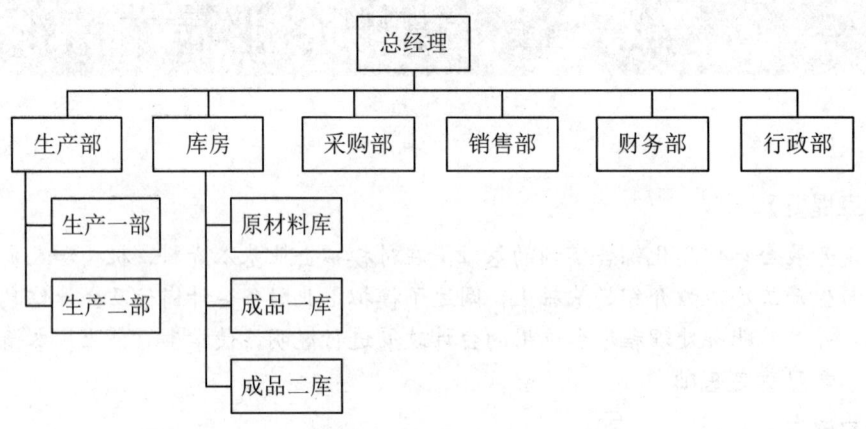

图 1-1　山西征途实业有限公司机构设置

三、产品及生产工序流程

山西征途实业有限公司是一般纳税人,主要生产单人和双人自行车两种产品,单人和双人自行车均为自主生产方式,该公司产品及生产工序流程如图 1-2 所示。

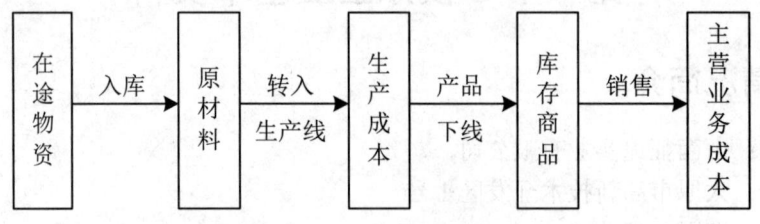

图 1-2　生产工序图

第二节　模拟企业财务会计岗位设置及岗位分工

一、财务会计岗位设置

山西征途实业有限公司设置独立的财务部门,共有员工 5 人,承担公司日常会计核算工作。公司财务部门共设置 5 个基本工作岗位,即会计主管、会计核算、稽核、出纳及会计档案管理,具体如图 1-3 所示。

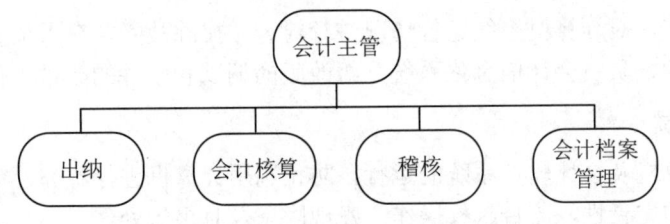

图 1-3 财务部门基本工作岗位设置

财务部门信息化工作岗位有信息化主管、软件操作员、审核记账员、系统维护员、信息审查员、数据分析员、档案管理员等，具体设置如图 1-4 所示。

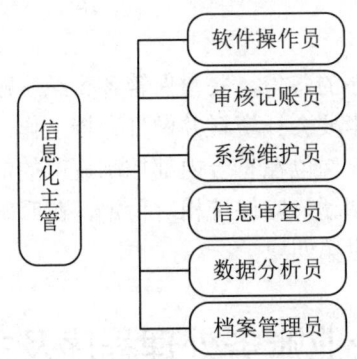

图 1-4 会计信息化工作岗位设置

二、会计信息化岗位分工

1. 信息化主管

(1) 负责协调计算机及会计软件系统的运行工作，如日常管理，设置不同人员的操作权限，协调工作关系，建立岗位责任制，进行综合评价和工作质量评价；

(2) 监督并确保会计信息化系统的正常运行，达到合法、安全、可靠、可审计的要求；

(3) 在系统故障时尽快组织维护人员进行修复；

(4) 对计算机输出凭证、账表的及时性和正确性进行检查。

2. 软件操作员

(1) 负责输入记账凭证和原始凭证等会计数据并进行处理、备份和输出等；

(2) 对记账凭证、会计账簿、报表和部分会计数据进行处理，如修改错误的会计数据；

(3) 对操作过程中发现的问题及时记录并向维护人员报告。

3. 审核记账员

负责对输入计算机的会计数据(记账凭证和原始凭证等)进行审核，对会计科目及代码合法性、摘要规范性、附件完整性进行核查，对打印输出的账簿、报表进行确认，进行相关结账操作。

4. 系统维护员

负责确保计算机硬件、软件的正常运行，管理机内会计数据，如负责会计信息化系统的维护以及更新换代,对计算机系统运行情况进行检查,排除故障,在人员变动和会计科目发生调整时进行维护,负责会计信息化系统升级改版的调试和软件的改进工作。

5. 信息审查员

负责监督计算机及会计软件系统的运行,防止利用计算机进行舞弊,审查岗位设置的合理性、内部控制的完善性,监督越权操作,发现隐患及时报告处理。

6. 数据分析员

负责对输入的会计数据进行分析,建立合乎单位实际的数据分析方法、分析模型和周期,并对企业的各种会计资料进行分析等。

7. 档案管理员

负责会计信息化数据和程序的备份,妥善保管各类纸质账表、凭证等会计资料,在规定期限内向各类会计信息化岗位索要会计资料并做好存档工作。

上述基本岗位和会计信息化岗位在符合内部控制规范的前提下可交叉设置,各岗位不能一成不变,也不能过于频繁地调动,应保持相对稳定。在明确各岗位职责的同时,还应设定各岗位的操作权限,具体内容见第四章。

第三节 模拟企业账务处理程序及主要的会计政策

一、账务处理程序

山西征途实业有限公司会计核算采用科目汇总表账务处理程序(见图1-5),具体核算步骤如下。

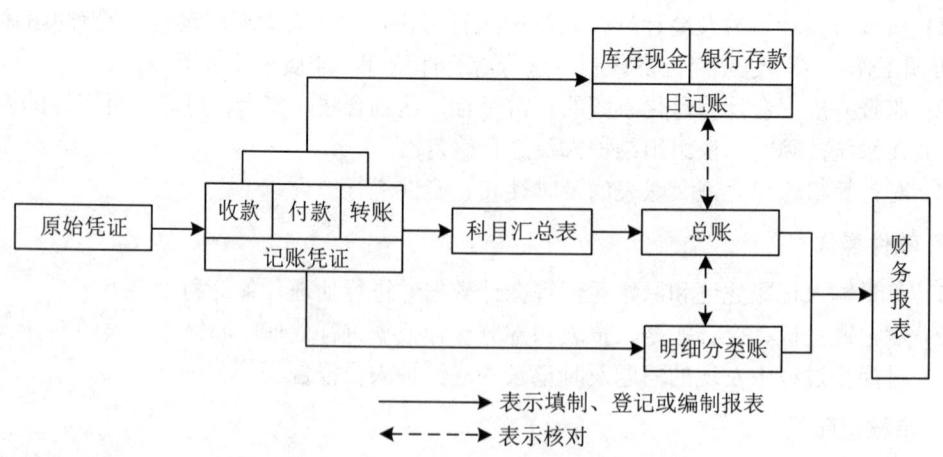

图1-5 模拟企业账务处理程序

(1) 根据原始凭证编制记账凭证。
(2) 根据记账凭证逐笔登记现金日记账和银行存款日记账。
(3) 根据记账凭证登记各种明细分类账。
(4) 根据记账凭证编制科目汇总表。

(5) 根据科目汇总表登记总分类账。

(6) 期末,将库存现金日记账、银行存款日记账和明细分类账的余额同有关总分类账的余额进行核对。

(7) 期末,根据总分类账和明细分类账的记录,编制财务报表。

二、模拟企业采用的会计政策

1. 会计凭证

采用专用记账凭证,含有库存现金和银行存款科目的记账凭证均需出纳签字,对已记账凭证的修改,只采用红字冲销法。为保证财务与业务数据的一致性,能在业务系统生成的记账凭证不得在总账系统直接录入。根据原始单据生成记账凭证时,除特殊规定外不采用合并制单。

2. 货币资金

(1) 企业会计核算以人民币为记账本位币。

(2) 企业库存现金实行限额管理,开户银行与企业共同制定的限额为 10 000 元。当库存现金超过限额时,应及时送存银行。

3. 应收款项

(1) 本企业在销售时若有现金折扣,采用总价法核算,在实际发生时确认为当期财务费用,现金折扣只折扣价款,不折扣增值税。

(2) 除应收账款外,其他的应收款项不计提坏账准备。每季末,按应收账款余额百分比法计提坏账准备,提取比例为 0.5%。

4. 存货

存货分类存放并按项目进行核算,所有仓库采用实际成本法核算移动平均值;采购入库存货对方科目使用"在途物资"科目,委托代销存货成本使用"发出商品"科目核算,存货按业务发生日期逐笔记账并制单(暂估业务除外),同一批出入库业务生成一张记账凭证;采购、销售业务必有订单(订单号与合同编号一致),出入库业务必有发货单和到货单。

存货期末计价采用成本与可变现净值孰低法,年末计提一次,存货跌价准备按照单个存货项目的成本与可变现净值差额计算。

5. 固定资产

企业固定资产包括房屋及建筑物、办公设备和运输工具,均为在用状态;采用平均年限法(二)按月计提折旧;同期增加多个固定资产时,不采用合并制单。企业固定资产期末按可收回金额与账面价值孰低法计价,对可收回金额低于账面价值的差额,计提固定资产减值准备。

6. 税金及附加

企业为增值税一般纳税人,增值税税率为 13%,运费按 9% 作进项税额抵扣;按当期应交增值税的 7% 计算城市维护建设税、3% 计算教育费附加。企业所得税采用资产负债表债务法,除应收账款外,假设资产、负债的账面价值与其计税基础一致,未产生暂时性差异,企业所得税的计税依据为应纳税所得额,税率为 25%,按月预计,按季预缴,全年汇算清缴,月末计算并结转相关税费。损益结转采用账结法，每月末将各损益类账户余额转入本年利润账户，结转时收入和支出合并生成一张记账凭证。

7. 应付职工薪酬

1) 职工工资

职工工资费用由人事部门按月计算，并将计算结果及时报送财务部门，由财务部负责发放；职工工资收入应该缴纳个人所得税，个人所得税由职工个人负担，公司负担职工个人所得税的代扣代缴。

2) 职工福利费

按实际发生列支，全年列支福利费不得超过国家规定的工资总额的14%。

3) 工会经费

按照国家有关规定，企业必须按照当月工资总额的2%提取工会经费。

4) 职工教育经费

按实际发生列支，全年列支职工教育经费不得超过国家规定的工资总额的8%。

5) 五险一金计算方式

由公司承担并缴纳的养老保险、医疗保险、失业保险、工伤保险、生育保险、住房公积金分别按 20%、10%、1%、1%、0.8%、12%的比例计算，职工个人承担的养老保险、医疗保险、失业保险、住房公积金分别按 8%、2%、0.2%、12%的比例计算，当月计提，次月缴纳；职工福利费按实际发生数列支，不按比例计提；工会经费、职工教育经费按照职工工资总额的 2%、8%计提。按照国家有关规定，企业代扣代缴个人所得税，其费用扣除标准为5000元。

第二章 模拟实训的流程及要求

【本章提要】

会计信息化综合实训可以强化学生对会计信息系统的整体把握，锻炼并提升学生的会计信息化职业能力。通过本章的学习，使学生明确实训的目的、内容及要求，了解并掌握用友U8 V10.1管理软件的工作流程、操作步骤，达到掌握运用计算机进行会计处理的目的。

【学习目标】

1. 了解实训的目的，明确实训的内容及要求。
2. 熟悉实训的流程和各子系统的具体功能。

第一节 实训目的

本实训不是以熟练操作某种会计软件为目的的单纯操作性训练，而是以培养和提高学生在会计信息化环境(应用企业级会计软件构建的财务业务一体化系统)中的职业判断能力和业务处理能力为目的的综合应用性训练。

本实训依据职业行动导向学习理论，将一个制造业企业在特定会计期间发生的经济业务以高仿真原始单据的写实方式最大限度地还原出来，为学生模拟出企业会计信息化工作的真实环境和工作内容，尽量缩小会计教学环境与会计职业环境的偏差。通过从系统初始化到日常账务处理以及期末处理、报表编制等一系列工作内容的实际操作，使学生能够体验信息化条件下各种会计岗位的具体工作，从而对制造业企业的会计信息化工作内容和业务处理流程有一个比较系统和全面的认识，训练和提高学生在会计信息化环境中的职业判断能力和综合业务处理能力，最终达到将所学的会计信息化理论及方法与会计工作实践相融合的目的。

第二节 实训内容及要求

会计电算化和会计信息化是企业信息化发展中的两个不同阶段。对于一个具体企业的信息化工作来说，在会计工作方面大致有两个层次的选择：一是建设部门级的会计核算信息化系统，二是建设企业级的财务业务一体化的会计信息化系统。对于本实训所提供的一套企业资料，也可以分别设计财务核算系统和财务业务一体化系统两种模式的实训内容。因此，根据学生的具体层次和学时安排，可以设计以下两种不同难度的实训内容。

一、财务核算系统实训

财务核算系统实训，包含财务核算模块、无供应链管理模块。

(1) 安装实训所用的会计软件：用友 U8 V10.1。

(2) 研究所提供的"模拟企业基础资料"和选择的会计软件，撰写系统初始化工作流程，应包括系统参数、岗位人员权限、基础资料、初始数据等内容。

(3) 依据系统初始化工作流程，建立账套并逐项完成系统初始化设置的全部内容。

(4) 根据所提供的"经济业务发生的原始凭证"，在系统中完成填制凭证、出纳签字、审核凭证和记账的操作。

(5) 编制和生成资产负债表、利润表和现金流量表。

(6) 查询和输出各种账表，例如，科目余额表、记账凭证、项目明细账、财务报表等。

二、财务业务一体化系统实训

财务业务一体化系统实训，包含财务核算模块和供应链管理模块。

(1) 安装实训所需的会计软件：用友 U8 V10.1。要求启用的模块包括总账管理、UFO 报表管理、薪资管理、固定资产管理、采购管理、销售管理、库存管理、存货核算、应收款管理和应付款管理 10 个模块。

(2) 研究所提供的"模拟企业基础资料"和选择的会计软件，撰写系统初始化工作流程，应包括系统参数、岗位人员权限、基础资料、初始数据等内容。

(3) 依据系统初始化工作流程，建立账套并逐项完成各子系统初始化设置的全部内容。

(4) 根据所提供的"经济业务发生的原始凭证"，在各子系统中根据企业业务活动，填制相关原始凭证，由系统自动生成记账凭证传递到总账管理系统，在总账管理系统完成出纳签字、审核凭证和记账的操作。

(5) 利用报表模板生成资产负债表、利润表和现金流量表。

(6) 查询和输出各种账表，例如，科目余额表、记账凭证、项目明细账、财务报表等。

将上述两部分实训进行先后安排，从易到难，结果相互对照。

学生在完成财务核算信息化系统应用之后，进一步完成财务业务一体化系统的应用训练，从而将所学会计信息化理论及方法与会计工作实践相融合。

第三节 实训流程

用友 U8 V10.1 管理软件是一个企业综合运营平台，提供了企业信息化全面解决方案，用以满足各级管理者对信息化的不同要求：为高层经营管理者提供大量收益与风险的决策信息，辅助企业制定长远发展战略；为中层管理人员提供企业各个运作层面的状况，帮助进行各种事件的监控、发现、分析、解决、反馈等处理流程，力求做到投入产出最优配比；为基层管理人员提供便利的作业环境、易用的操作方式。用友 U8 V10.1 管理软件按其功能可分为三个层次：操作层、核算层和决策层。在综合考虑实训对象、实训内容、实训学时的基础上，选取该软件中总账管理、UFO 报表管理、薪资管理、固定资产管理、应收款管理、应付款管理、采购管理、销售管理、库存管理、存货核算共 10 个常用模块搭建了本实训的体系，以支撑企业财务业务一体化管理，使学习者对财务业务一体化运行模式有一个总体认识和了解，各子系统间的数据传递关系如图 2-1 所示。

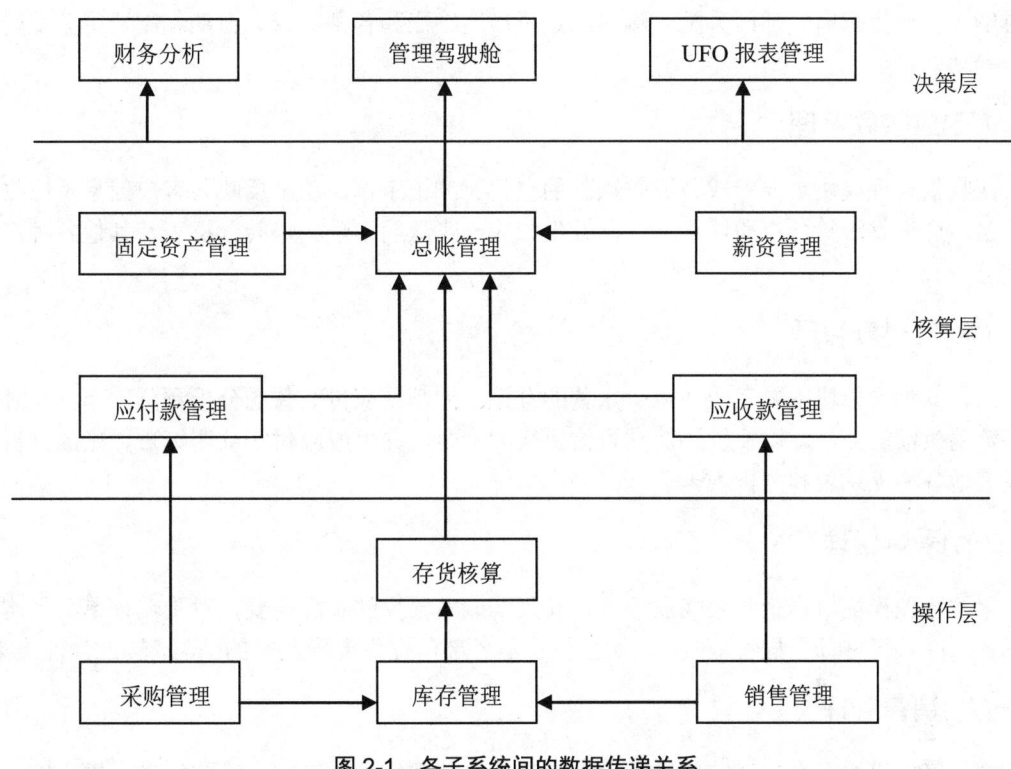

图 2-1　各子系统间的数据传递关系

各子系统的具体功能如下。

(一)总账管理

总账管理模块主要用于凭证输入和审核、记账、转账、结账、出纳管理等工作，生成总账、明细账、日记账和辅助账，进行账簿查询及打印输出，完成和其他子系统间的数据传递，并向报表子系统提供数据。

(二)UFO 报表管理

UFO 报表管理模块具有报表格式设置和公式定义、报表生成、报表审核、报表汇总、输出各种内部报表和外部报表等功能。其具有的自定义模板功能，可以使用户增加或删改系统提供的报表模板，也可以将本单位的报表模板导入到 UFO 的模板中。

(三)薪资管理

薪资管理模块具有工资项目和计算公式定义、职工个人工资数据编辑、工资计算、工资汇总、工资发放、工资分摊、输出各种工资表、自动编制工资费用转账凭证等功能。此外，还具有工资分析和管理功能，例如，单位工资增长情况分析、部门工资构成分析、考勤管理、个人所得税扣缴等。

(四)固定资产管理

固定资产管理模块具有固定资产卡片格式定义、固定资产卡片输入、固定资产增减变动信息输入、计提折旧和部门分配、输出固定资产明细账和各种报表、自动编制费用分配转账凭证等功能。

(五)应收款管理

应收款管理模块主要完成各应收账款的登记、冲销工作，动态反映各客户信息及应收账款信息，可进行账龄分析和坏账估计，并生成应收账款明细账、账龄分析表及其他各种汇总表和分析表。

(六)应付款管理

应付款管理模块主要完成各应付账款的登记、冲销及应付账款的分析预测工作，及时反映各流动负债的数额，以及偿还流动负债所需的资金，并生成应付账款明细账、账龄分析表以及其他各种汇总表和分析表。

(七)采购管理

采购管理模块根据企业采购业务管理和采购成本核算的实际需要，对采购订单、采购到货以及入库状况进行全程管理，为采购部门和财务部门提供准确及时的信息，辅助管理决策。

(八)销售管理

销售管理模块提供包括销售报价、销售订单等功能的综合管理，适应批发、零售以及制造各类业务方式，对销售全过程进行有效控制和跟踪。

(九)库存管理

为了保障生产经营过程能连续不断地进行，企业要不断购入、耗用及销售存货。库存管理模块对填制的入库单和出库单进行审核确认，登记出入库台账，还可输入盘点单，输出有关账表，能对企业范围内各种货物，如商品、材料、产成品按库存分类进行管理。

(十)存货核算

存货核算模块用于对工业企业的材料和产成品核算及商业的商品核算。主要针对企业存货的收发存业务进行核算，掌握存货的耗用情况，及时准确地把各类存货成本归集到各成本项目和成本对象上，为企业的成本核算提供基础数据。并可动态反映存货资金的增减变动，进行存货资金周转和占用的分析，为降低库存、减少资金积压、加速资金周转提供决策依据。

第三章 模拟实训的组织及评价

【本章提要】

本章主要介绍会计信息化综合实训课程考核的体系构成，采用过程考核和结果考核相结合的考核方式。根除了"以考试为目的"的考核误区，形成以"考试为利剑"的"过程控制"考核新模式，即以"考试"为工具，督促学生利用有限的时间最大限度地享受学习过程，在学习过程中实现思维能力、实践能力、分析解决问题能力等综合能力的提升。

【学习目标】

1. 了解会计信息化综合实训课程的组织形式。
2. 明确考核体系，了解考核的项目构成及考核指标和分值。

第一节 实训的组织形式

在会计信息化综合实训开展之前，指导教师要根据学生的实际情况，制订切实可行的实训计划，组织学生认真研究企业基础资料并熟练应用会计信息化软件。在实训过程中要有系统性思维，对每笔业务所给的原始单据，要结合初始资料以及前后业务联系，综合运用职业判断能力分析单据所含的业务内容，及时做好账套数据备份，避免意外损失。

会计信息化综合实训原则上要求学生独立完成，以便使其对财务会计的核算岗位、核算程序、核算方法及核算内容的来龙去脉有一个完整的认识。但指导教师对于一些难点和重点问题应预先予以提示，在实训操作过程中应随时给予必要的指导，以确保实训的顺利进行。

第二节 实训成绩的评价

教学的最后一个环节是对学生所学课程掌握程度的考核，通过建立多元化的考核体系，不仅能够有效检验学生对所学课程的掌握程度，而且能够提升学生的学习兴趣并激发学习动力。会计信息化综合实训的考核遵循以职业岗位能力为重点，以职业资格认证为参照标准，知识、能力、素质考核并重的原则，实施过程考核和结果考核相结合的考核方式。

一、过程考核

按照会计信息化综合实训的内容确定 7 个项目,并根据每个项目的目标和要求将项目分解为若干小任务。具体内容如下。

项目 1 系统管理与基础档案设置:可分解为任务一建立账套,任务二增加用户及用户权限设置,任务三账套备份与恢复,任务四基础档案设置。

项目 2 总账管理系统:可分解为任务一总账管理系统初始化,任务二日常业务处理,任务三出纳管理,任务四账簿管理。

项目 3 供应链管理系统:可分解为任务一供应链管理系统初始设置,任务二销售管理系统日常业务处理,任务三采购管理系统日常业务处理,任务四供应链管理系统期末处理。

项目 4 固定资产管理系统:可分解为任务一固定资产管理系统初始设置,任务二固定资产管理系统日常业务处理,任务三固定资产管理系统期末业务处理。

项目 5 薪资管理系统:可分解为任务一薪资管理系统初始设置,任务二工资数据录入、计算和汇总,任务三工资分摊,任务四薪资管理系统期末处理。

项目 6 总账管理系统期末处理:可分解为任务一自动转账,任务二期末对账,任务三期末结账。

项目 7 UFO 报表管理系统:可分解为任务一资产负债表,任务二利润表,任务三现金流量表。

在过程考核时,对以上 7 个项目主要从考勤情况、实训态度、规范性、正确性、沟通协作 5 方面进行考核,过程考核共计 60 分。考勤情况主要考核学生能否全面地、全过程地参加实训;实训态度主要考核学生能否按要求积极、主动、独立完成实训任务,不抄袭;规范性主要考核学生在处理会计业务时是否规范,操作能否细致、耐心,业务处理流程是否清晰;正确性主要考核学生记账凭证的填制、会计账簿的生成及报表的编制是否正确;沟通协作主要考核学生是否具有良好的团队协作能力,是否具有良好的沟通表达能力。具体考核时,教师对每一个实训项目的工作任务分别进行评价,按考核关键指标进行打分。过程考核表见表 3-1。

表 3-1 过程考核表

序号	实训项目	过程考核指标及标准分值					合计
		考勤情况(30%)	实训态度(10%)	规范性(15%)	正确性(35%)	沟通协作(10%)	
1	熟悉企业基本情况(5 分)						
2	系统管理与基础档案设置(10 分)						
	(1)建立账套(3 分)						
	(2)增加用户及用户权限设置(3 分)						
	(3)账套备份与恢复(2 分)						
	(4)基础档案设置(2 分)						

续表

序号	实训项目	过程考核指标及标准分值					合计
		考勤情况(30%)	实训态度(10%)	规范性(15%)	正确性(35%)	沟通协作(10%)	
3	总账管理系统(25分)						
	(1)总账管理系统初始化(8分)						
	(2)日常业务处理(12分)						
	(3)出纳管理(2分)						
	(4)账簿管理(3分)						
4	供应链管理系统(20分)						
	(1)供应链管理系统初始设置(7分)						
	(2)销售管理系统日常业务处理(5分)						
	(3)采购管理系统日常业务处理(5分)						
	(4)供应链管理系统期末处理(3分)						
5	固定资产管理系统(10分)						
	(1)固定资产管理系统初始设置(4分)						
	(2)固定资产管理系统日常业务处理(4分)						
	(3)固定资产管理系统期末业务处理(2分)						
6	薪资管理系统(10分)						
	(1)薪资管理系统初始设置(3分)						
	(2)工资数据录入、计算和汇总(3分)						
	(3)工资分摊(3分)						
	(4)薪资管理系统期末处理(1分)						
7	总账管理系统期末处理(10分)						
	(1)自动转账(4分)						
	(2)期末对账(4分)						
	(3)期末结账(2分)						
8	UFO报表管理系统(10分)						
	(1)资产负债表(3分)						
	(2)利润表(3分)						
	(3)现金流量表(4分)						

二、结果考核

会计信息化综合实训的结果考核主要包括学生提交的实训成果、实训报告以及成果汇报，分别计20分、10分和10分。结果考核共计40分。实训成果按个人提交，包括用友财务软件中生成的记账凭证、会计账簿和财务报表等内容；实训报告包括实训目的、实训内容、实训步骤、实训完成情况、实训问题及解决方法、实训体会和实训评价。其中,成果汇报即是各个实训成员对实训情况及成果进行总结、汇报和展示。结果考核表见表 3-2,实训报告见表 3-3。

表 3-2 结果考核表

姓 名	结果考核指标及标准分值					
	实训成果(20 分)			实训报告 (10 分)	成果汇报 (10 分)	合 计
	记账凭证 (10 分)	会计账簿 (5 分)	财务报表 (5 分)			

表 3-3 会计信息化综合实训报告

姓 名		班 级		学 号	
实训时间		实训地点		指导教师	
实训名称					
实训目的					
实训内容					
实训步骤					

续表

实训完成情况	
实训问题及解决方法	
实训体会	
实训评价	

指导教师(签名)

年　月　日

三、总成绩

将学生过程考核得分与结果考核得分相加,得到会计信息化综合实训的最终总成绩。实训成绩分为优、良、中、及格和不及格五个等级。成绩分值在 90~100 分为优,成绩分值在 80~89 分为良,成绩分值在 70~79 分为中,成绩分值在 60~69 分为及格,成绩分值低于 60 分为不及格。总成绩得分表见表 3-4。

表 3-4 总成绩得分表

姓 名	过程考核得分 (60 分)	结果考核得分 (40 分)	总 得 分	成绩等级

有下列情形之一者,应直接判定为不及格。

(1) 未完成实训任务内容者。

(2) 未提交实训成果、实训报告以及成果汇报者。

(3) 账证、账表不符,且明显有造假痕迹者。

(4) 有明显抄袭他人行为者。

第四章 建账资料

【本章提要】

本章内容是开展会计信息化综合实训的基础,不仅包含建账信息,而且包含各子系统初始化的详细资料,使用者结合会计信息化的工作流程,深入地理解如何利用财务软件进行账套的初始化设置,为顺利开展日常会计核算工作奠定基础。

【学习目标】

1. 熟悉模拟企业的实际情况。
2. 归纳整理账套信息。
3. 熟悉各子系统初始化设置的要点。

第一节 基础设置

一、基础信息

(一)用户及权限

用户及权限如表 4-1 所示。

表 4-1 用户及权限

编号	姓名	财务分工
A01	陈光明	账套的全部权限
W01	李凯波	记账凭证的审核、查询、对账、总账系统结账、编制 UFO 报表
W02	陈悦瑶	账套的全部权限
W03	张宇晨	收付款单填制、选择收款和选择付款权限、票据管理、出纳签字、银行对账
W04	刘 红	总账系统(填制、查询凭证、账表、期末处理、记账)
X01	陈国军	销售管理的所有权限
G01	胡春雪	采购管理的所有权限
C01	李海波	公共单据及库存管理的所有权限

(二)账套信息内容

1. 账套信息

账套号：900。

账套名称：山西征途实业有限公司。

启用会计期间：2020年1月。

2. 单位信息

单位名称：山西征途实业有限公司。

单位简称：征途实业。

单位地址：山西省太原市高新技术开发区1号

法人代表：张建国。

税号：140302897896723。

联系电话：0351-7966255。

3. 核算类型

本币代码：RMB。

本币名称：人民币。

企业类型：工业。

行业性质：2007年新会计制度科目，按行业性质预置科目。

账套主管：陈光明。

4. 基础信息

存货分类、客户分类，供应商不分类，无外币核算。

5. 编码方案

科目编码级次：4222。

客户分类编码级次：22。

存货分类编码级次：22。

部门编码级次：22。

结算方式编码级次：12。

收发类别编码级次：121。

其他编码级次按系统默认设置。

6. 数据精度

全部采用系统默认值两位。

二、系统启用

启用总账管理系统、应收管理系统、应付管理系统、采购管理系统、销售管理系统、存货管理系统、库存管理系统、固定资产管理系统、薪资管理系统，日期为2020年1月1日。

三、基础档案

(一)部门档案

部门档案如表 4-2 所示。

表 4-2　部门档案

部门编码	部门名称	部门属性
01	行政部	综合管理
02	财务部	财务管理
03	销售部	市场营销
04	采购部	采购供应
05	生产部	产品生产
0501	生产一部	产品生产
0502	生产二部	产品生产
06	库房	仓储管理

(二)人员类别

本公司正式工分为 4 类：企业管理人员、采购人员、销售人员和生产人员，如表 4-3 所示。

表 4-3　人员类别

分类编码	档案名称
10101	管理人员
10102	销售人员
10103	采购人员
10104	生产人员

(三)人员档案

人员档案如表 4-4 所示。

表 4-4　人员档案

人员编码	人员姓名	性别	人员类别	雇佣状态	行政部门	是否是业务员	是否是操作员	对应操作员编码
001	郑晨阳	男	管理人员	在职	行政部	是		
002	徐静静	女	管理人员	在职	行政部	是		
003	陈光明	男	管理人员	在职	财务部	是	是	A01
004	李凯波	男	管理人员	在职	财务部	是	是	W01

续表

人员编码	人员姓名	性别	人员类别	雇佣状态	行政部门	是否是业务员	是否是操作员	对应操作员编码
005	陈悦瑶	女	管理人员	在职	财务部	是	是	W02
006	张宇晨	男	管理人员	在职	财务部	是	是	W03
007	刘 红	女	管理人员	在职	财务部	是	是	W04
008	陈国军	男	销售人员	在职	销售部	是	是	X01
009	高志鹏	男	销售人员	在职	销售部	是		
010	胡春雪	女	采购人员	在职	采购部	是	是	G01
011	王少杰	男	管理人员	在职	生产一部	是		
012	李浩然	男	生产人员	在职		是		
013	赵家辉	男	管理人员	在职	生产二部	是		
014	张文杰	男	生产人员	在职		是		
015	李海波	男	管理人员	在职	库房	是	是	C01

(四)客户分类

客户分类如表 4-5 所示。

表 4-5 客户分类

分类编码	分类名称
01	核心客户
02	普通客户

(五)客户档案

客户档案如表 4-6 所示。

(六)供应商档案

供应商档案如表 4-7 所示。

表 4-6 客户档案

客户编码	客户名称	客户简称	所属分类	税号	开户银行	银行账号	地址	电话
0101	湖南隆昌集团	隆昌集团	01	430107698334702	工商银行长沙市星沙支行	6222002672728797243	长沙市天福区开元东路	0731-42235678
0102	深圳飞虹有限公司	飞虹公司	01	440300980786785	工商银行深圳市华强中一支行	6222026890890564529	深圳市高新开发区南山区中一道5号	0755-89897656
0201	上海讯飞有限公司	讯飞公司	02	310102786545673	建设银行上海浦东天苑大厦一楼	6222890987656789045	上海市澳门路168号海天大厦一楼	021-89009878
0202	山西康普有限公司	康普公司	02	140103789256478	建设银行小店区迎宾支行	6227009867567845678	太原市小店区坞城路218号	0351-79658667

表 4-7 供应商档案

供应商编码	供应商名称	供应商简称	所属分类	税号	开户银行	银行账号	地址	电话
01	湖北中盛有限公司	中盛公司	01	42035201568796	建设银行武汉市汉兴支行	6227522822215628796	武汉市江汉区汉兴街169号	027-87879888
02	山西泰兴实业公司	泰兴公司	01	14010378926478	建设银行运城市万荣支行	6227156789098256767	山西运城市万荣县西贾工业园西座	0359-86962998
03	西安腾飞机械公司	腾飞公司	01	61013222060744	工商银行西安长乐支行	6222029867567236928	西安市长乐东路136号	029-65231921
04	成都融通经贸公司	融通公司	01	915101813522892	建设银行成都市锦江区芙蓉支行	6227190889675645678	成都市锦江区芙蓉路35号	028-99526987

第二节 子系统初始化

一、总账系统初始化设置

(一)总账系统参数设置

总账系统参数设置的内容:制单序时控制;支票控制;可以使用应收、应付、存货受控科目;出纳凭证必须经由出纳签字;不允许修改、作废他人填制的凭证;选择"现金流量科目必录现金流量项目"选项;数量小数位和单价小数位设置为两位;部门、个人、项目按编码方式排序。

(二)会计科目

1. 会计科目及期初余额

会计科目及期初余额表如表4-8所示。

表4-8 会计科目及期初余额表

科目编码	科目名称	辅助账类型	方向	币别/计量	余 额
1001	库存现金	日记账	借		10 500
1002	银行存款	日记账、银行账	借		1 357 079.54
100201	工商银行	日记账、银行账	借		1 000 000
100202	招商银行	日记账、银行账	借		357 079.54
1121	应收票据	客户往来	借		113 000
1122	应收账款	客户往来	借		452 000
1123	预付账款	供应商往来			
1221	其他应收款	个人往来			
1231	坏账准备		贷		1 170
1402	在途物资				150 000
140201	车轮				
140202	车圈				
140203	轮胎				
140204	车座				
140205	车架				
140206	长车架				140 000
140207	辐条				10 000
1403	原材料				451 490
140301	车轮	数量核算			61 680
				套	1 028

续表

科目编码	科目名称	辅助账类型	方向	币别/计量	余额
140302	车圈	数量核算			41 200
				个	2 060
140303	轮胎	数量核算			41 260
				个	2 063
140304	车座	数量核算			41 200
				个	1 030
140305	车架	数量核算			187 200
				个	3 120
140306	长车架	数量核算			39 200
				个	280
140307	辐条	数量核算			39 750
				根	26 500
1405	库存商品	项目核算 数量核算			2 179 400
				辆	7 580
1601	固定资产				1 680 000
1602	累计折旧		贷		0
2001	短期借款				200 000
2201	应付票据	供应商往来			452 000
2202	应付账款				143 000
220201	一般应付款	供应商往来			113 000
220202	应付暂估款				30 000
2203	预收账款	客户往来			
2211	应付职工薪酬				33 454
221101	工资				33 454
221102	职工福利费				
221103	社会保险费				
221104	住房公积金				
221105	工会经费				
221106	职工教育经费				
221107	非货币性福利				
221108	辞退福利				
2221	应交税费				103 125.54
222101	应交增值税				
22210101	进项税额				

续表

科目编码	科目名称	辅助账类型	方向	币别/计量	余额
22210102	已交税金				
22210103	销项税额				
22210104	进项税额转出				
22210105	转出未交增值税				
222102	未交增值税				63 550
222103	应交所得税				33 060
222104	应交城市维护建设税				4 448.5
222105	应交教育费附加				1 906.5
222106	个人所得税				160.54
2501	长期借款				414 000
4001	实收资本				5 046 720
5001	生产成本	项目核算			
5101	制造费用				
510101	办公费				
510102	折旧费				
6001	主营业务收入	项目核算			
6401	主营业务成本	项目核算			
6601	销售费用				
660101	广告费				
660102	工资				
660103	折旧费				
6602	管理费用				
660201	办公费	部门核算			
660202	折旧费	部门核算			
660203	其他	部门核算			
660204	工资	部门核算			
6603	财务费用				
660301	利息				
660302	其他				
6702	信用减值损失				

2. 修改会计科目

修改会计科目如表4-9所示。

3. 指定科目

将"1001 库存现金"指定为现金总账科目,"1002 银行存款"指定为银行总账科目,将"1001 库存现金、100201 工商银行、100202 招商银行"指定为现金流量科目。

表 4-9 修改会计科目

科目编码	科目名称	辅助账类型
1001	库存现金	日记账
1121	应收票据	客户往来
1122	应收账款	客户往来
1123	预付账款	供应商往来
1221	其他应收款	个人往来
2201	应付票据	供应商往来
2203	预收账款	客户往来
5001	生产成本	项目核算
6001	主营业务收入	项目核算
6401	主营业务成本	项目核算
6403	税金及附加	

(三)凭证类别

凭证类别如表 4-10 所示。

表 4-10 凭证类别

类别字	凭证类别	限制类型	限制科目
收	收款凭证	借方必有	1001，100201，100202
付	付款凭证	贷方必有	1001，100201，100202
转	转账凭证	凭证必无	1001，100201，100202

(四)结算方式

结算方式如表 4-11 所示。

表 4-11 结算方式

结算方式编码	结算方式名称	是否票据管理
1	现金结算	否
2	支票结算	否
201	现金支票	是
202	转账支票	是
3	商业汇票	否
301	银行承兑汇票	是
302	商业承兑汇票	是
4	其他	否

(五)付款条件设置

付款条件如表 4-12 所示。

表 4-12 付款条件

付款条件编码	付款条件名称	信用天数	优惠天数 1	优惠率 1	优惠天数 2	优惠率 2
01	2/10，n/30	30	10	2	0	0
02	4/10，1/30，n/60	60	10	4	30	1

(六)银行档案

银行档案如表 4-13 所示。

表 4-13 本单位开户银行

编码	银行账号	是否暂封	开户银行	所属银行编码	所属银行名称
001	622598600235	否	招商银行迎宾支行	02	招商银行
002	622050286543	否	中国工商银行太原分行	01	中国工商银行

(七)项目目录

项目目录如表 4-14 所示。

表 4-14 项目目录

项目设置	设置内容
项目大类	产品核算
核算科目	库存商品(1405) 生产成本(5001) 主营业务收入(6001) 主营业务成本(6401)
项目分类	1. 产成品
项目名称	单人自行车(001)所属分类码 1 双人自行车(002)所属分类码 1

(八)期初余额

1. 总账期初余额

总账期初余额表如表 4-8 所示。

2. 应收票据期初余额

应收票据期初余额如表 4-15 所示。

表 4-15　应收票据期初余额

票据类型	票据编号	开票单位	承兑银行	面值	签发日期	到期日	业务员
银行承兑汇票	111225	隆昌集团	中国工商银行	113 000	2019.12.25	2020.01.25	高志鹏

3. 应收账款期初余额

应收账款期初余额如表 4-16 所示。

表 4-16　应收账款期初余额

发票日期	客户名称	货物编号	货物名称	数量	单价	价税合计	部门	业务员
2019.12.26	飞虹公司	0201	单人自行车	1 000	300	339 000	销售部	高志鹏
2019.12.27	讯飞公司	0202	双人自行车	200	500	113 000	销售部	高志鹏

4. 库存商品期初余额(详见表 4-44 各仓库期初数据)

5. 应付票据期初余额

应付票据期初余额如表 4-17 所示。

表 4-17　应付票据期初余额

票据编号	收票单位	票据面值	签发日期	到期日	部门	业务员	承兑银行
111023	中盛公司	452 000	2019-10-23	2020-02-23	采购部	胡春雪	中国工商银行

6. 应付账款期初余额

应付账款期初余额如表 4-18 所示。

表 4-18　应付账款期初余额

发票日期	供应商	货物编号	货物名称	数量	单价	价税合计	部门	业务员
2019.12.21	泰兴公司	0104	车座	2 500	40	113 000	采购部	胡春雪

(九)自动转账

1. 计提城市维护建设税

借：税金及附加(6403)　　QM(222102,月,贷)*0.07
　　贷：应交税费——应交城市维护建设税(222104)　　JG()

2. 计提教育费附加

借：税金及附加(6403)　　QM(222102,月,贷)*0.03
　　贷：应交税费——应交教育费附加(222105)　　JG()

3. 将期间损益结转至本年利润

借：本年利润(4103)
　　主营业务收入(6001)
　　营业外收入(6301)

贷：主营业务成本(6401)
　　　　　税金及附加(6403)
　　　　　销售费用——工资(660102)
　　　　　销售费用——折旧费(660103)
　　　　　管理费用——折旧费(660202)
　　　　　管理费用——工资(660204)
　　　　　财务费用——其他(660302)

4．计提本月应缴纳的所得税

　　借：所得税费用(6801)　　QM(4103,月,贷)*0.25
　　　贷：应交税费——应交所得税(222103)　　　　　JG()

5．结转本月"所得税费用"

　　借：本年利润(4103)　　　　　　　　　　　　　　JG()
　　　贷：所得税费用(6801)　　QM(4103,月,贷)*0.25

二、薪资管理系统初始设置

(一)工资账套参数

　　工资类别为多个，核算币种为人民币，自动代扣个人所得税，不进行扣零处理，启用日期为2020年1月。

(二)工资项目

　　工资项目如表4-19所示。

表4-19　工资项目

工资项目名称	类型	长度	小数	增减项	公　　式
基本工资	数字	8	2	增项	
职务补贴	数字	8	2	增项	
交通补贴	数字	8	2	增项	
绩效工资	数字	8	2	增项	IFF(人员类别="销售人员",500,200)
医疗保险	数字	8	2	减项	(基本工资+职务补贴+交通补贴-缺勤扣款)*0.02
养老保险	数字	8	2	减项	(基本工资+职务补贴+交通补贴-缺勤扣款)*0.08
失业保险	数字	8	2	减项	(基本工资+职务补贴+交通补贴-缺勤扣款)*0.002
住房公积金	数字	8	2	减项	(基本工资+职务补贴+交通补贴-缺勤扣款)*0.12
缺勤扣款	数字	8	2	减项	(基本工资/22)*缺勤天数
缺勤天数	数字	8	2	其他	
计税工资	数字	8	2	其他	基本工资+职务补贴+交通补贴+绩效工资-医疗保险-养老保险-失业保险-住房公积金
应发合计	数字	10	2	增项	

续表

工资项目名称	类型	长度	小数	增减项	公　式
扣款合计	数字	10	2	减项	代扣税+医疗保险+养老保险+失业保险+住房公积金+缺勤扣款
实发合计	数字	10	2	增项	

(三)银行名称

银行编码为01001，银行名称为"工商银行新建南路分理处"，默认个人账号"定长"，账号长度为13位，自动带出的账号长度为8位。

(四)工资类别

工资类别为在职人员和退休人员，并且在职人员分布于各个部门，而退休只属于生产部。

(五)在职人员档案及工资项目

在职人员档案如表4-20所示。

表4-20　在职人员档案

人员编码	人员姓名	性　别	薪资部门名称	人员类别	银行账号
001	郑晨阳	男	行政部	管理人员	1001102008801
002	徐静静	女		管理人员	1001102008802
003	陈光明	男		管理人员	1001102008803
004	李凯波	男	财务部	管理人员	1001102008804
005	陈悦瑶	女		管理人员	1001102008805
006	张宇晨	男		管理人员	1001102008806
007	刘　红	女		管理人员	1001102008807
008	陈国军	男	销售部	销售人员	1001102008808
009	高志鹏	男		销售人员	1001102008809
010	胡春雪	女	采购部	采购人员	1001102008810
011	王少杰	男	生产一部	管理人员	1001102008811
012	李浩然	男		生产人员	1001102008812
013	赵家辉	男	生产二部	管理人员	1001102008813
014	张文杰	男		生产人员	1001102008814
015	李海波	男	库房	管理人员	1001102008815

(六)个人所得税扣除基数

个人所得税应按计税工资扣除5 000元后计税，个人所得税税率表如表4-21所示。

表 4-21 个人所得税税率表

级数	全月应纳税所得额	税率(3%)	速算扣除数
1	不超过 3 000 元的	3	0
2	超过 3 000 元至 12 000 元的部分	10	210
3	超过 12 000 元至 25 000 元的部分	20	1 410
4	超过 25 000 元至 35 000 元的部分	25	2 660
5	超过 35 000 元至 55 000 元的部分	30	4 410
6	超过 55 000 元至 80 000 元的部分	35	7 160
7	超过 80 000 元的部分	45	15 160

(七)工资分摊

按工资总额的 2%计提工会经费,按工资总额的 8%计提职工教育经费。工资分摊情况如表 4-22 所示。

表 4-22 工资分摊

计提类型	部门名称	人员类别	工资项目	借方项目大类	借方项目	借方科目	贷方科目
应付工资	行政部 财务部 库房	管理人员	应发合计			660204	221101
	采购部	采购人员	应发合计			660204	221101
	销售部	营销人员	应发合计			660102	221101
	生产部	管理人员	应发合计			660204	221101
	生产一部	生产人员	应发合计	产成核算	单人自行车	5001	221101
	生产二部		应发合计	产成核算	双人自行车	5001	221101
工会经费	行政部 财务部 库房	管理人员	应发合计			660204	221105
	采购部	采购人员	应发合计			660204	221105
	销售部	营销人员	应发合计			660102	221105
	生产部	管理人员	应发合计			660204	221105
	生产一部	生产人员	应发合计	产成核算	单人自行车	5001	221105
	生产二部		应发合计	产成核算	双人自行车	5001	221105
职工教育经费	行政部 财务部 库房	管理人员	应发合计			660204	221106

续表

计提类型	部门名称	人员类别	工资项目	借方项目大类	借方项目	借方科目	贷方科目
职工教育经费	采购部	采购人员	应发合计			660204	221106
	销售部	营销人员	应发合计			660102	221106
	生产部	管理人员	应发合计			660204	221106
	生产一部	生产人员	应发合计	产成核算	单人自行车	5001	221106
	生产二部		应发合计	产成核算	双人自行车	5001	221106

三、固定资产管理系统初始设置

(一)固定资产账套参数

固定资产账套的启用时间为"2020年1月",采用"平均年限法(二)"计提折旧,折旧汇总分配周期为1个月。当(月初已计提月份=可使用月份-1)时将剩余折旧全部提足,固定资产编码长度为"21120000",固定资产编码方式为:自动编码,固定资产编码方式采用按"类别编号+部门编号+序号"自动编码,序号长度为3,要求固定资产与总账对账,固定资产对账科目为"1601",累计折旧对账科目为"1602",对账不平衡的情况下不允许固定资产月末结账,月末结账前一定要完成制单登账业务。

(二)固定资产账套参数补充设置

业务发生后不立即制单,固定资产缺省入账科目:1601;累计折旧缺省入账科目:1602;减值准备缺省入账科目:1603;增值税进项税额缺省入账科目:22210101;固定资产清理缺省入账科目:1606。

(三)固定资产类别

固定资产类别如表4-23所示。

表4-23 固定资产类别

类别编码	类别名称	净残值率/%	计提属性	卡片样式
01	房屋及建筑物	10	正常计提	通用样式
02	办公设备	4	正常计提	通用样式
03	运输设备	10	正常计提	通用样式

(四)固定资产增减方式对应入账科目

固定资产增减方式对应入账科目如表4-24所示。

(五)部门对应折旧科目

部门对应折旧科目如表4-25所示。

表 4-24 固定资产增减方式对应入账科目

增减方式	对应入账科目
直接购入	银行存款(100201)
投资者投入	实收资本(4001)
盘盈	以前年度损益调整(6901)
毁损	固定资产清理(1606)

表 4-25 部门对应折旧科目

部门名称	折旧科目
行政部、财务部、采购部、库房	管理费用/折旧费(660202)
销售部	销售费用/折旧费(660103)
生产一部、生产二部	制造费用/折旧费(510102)

(六)固定资产原始卡片

固定资产原始卡片如表 4-26 所示。

表 4-26 固定资产原始卡片

固定资产名称	车间厂房	东风卡车	办公电脑	办公电脑
卡片编号	00001	00002	00003-00005	00006-00010
类别编号	01	03	02	02
使用部门	生产一部	销售部	行政部	财务部
增加方式	在建工程转入	直接购入	直接购入	直接购入
使用状况	在用	在用	在用	在用
使用年限/月	840	240	48	60
折旧方法	平均年限法(二)	平均年限法(二)	平均年限法(一)	平均年限法(一)
开始使用日期	2019.12.01	2019.12.01	2019.12.01	2019.12.01
原值	1 400 000	200 000	10 000	10 000
净残值率/%	10	10	4	4
累计折旧	0	0	0	0
对应折旧科目	510102	660103	660202	660202

四、供应链管理系统初始设置

(一)供应链各系统参数

1. 采购管理系统

允许超订单到货及入库;允许超计划订货;专用发票默认税率为 13%。

2. 销售管理系统

有零售日报业务、有委托代销业务、有直运销售业务；销售生成出库单；允许超订量发货；报价含税；新增发货单默认：参照订单；新增退货单默认：参照订单；新增发票默认：参照发货单；其他参数采用系统默认设置。

3. 库存管理系统

有委托代销业务；自动带出单价的单据：盘点单；入库单成本：最新成本；按仓库控制盘点参数：选中；其他参数采用系统默认设置。

4. 存货核算系统

核算方式：按仓库核算；暂估方式：单到回冲；销售成本核算方式：销售发票；委托代销成本核算方式：按发出商品核算；其他参数采用系统默认设置。

5. 单据编号设置

设置采购专用发票、采购订单和销售订单的编号为完全手工编号。

(二)基础档案信息

1. 存货分类

存货分类如表4-27所示。

表4-27 存货分类

存货分类编码	存货分类名称
01	原材料
02	产成品
03	应税劳务

2. 计量单位组

计量单位组如表4-28所示。

表4-28 计量单位组

计量单位组编码	计量单位组名称	计量单位组类别
01	辐条	固定换算率
02	其他	无换算率

3. 计量单位

计量单位如表4-29所示。

4. 存货档案

存货档案如表4-30所示。

5. 仓库档案

仓库档案如表4-31所示。

表 4-29 计量单位

计量单位编码	计量单位名称	计量单位组编码	主计量单位标志	换 算 率
0101	根	01	是	1
0102	捆	01	否	10
0103	箱	01	否	100
0201	套	02		
0202	个	02		
0203	元	02		
0204	辆	02		
0205	公里	02		

表 4-30 存货档案

存货编码	存货名称	所属类别	计量单位组	主计量单位	税率/%	存货属性
0101	车轮	01	02	套	13	外购 生产耗用
0102	车圈	01	02	个	13	外购 生产耗用
0103	轮胎	01	02	个	13	外购 生产耗用
0104	车座	01	02	个	13	外购 生产耗用
0105	车架	01	02	个	13	外购 生产耗用
0106	长车架	01	02	个	13	外购 生产耗用
0107	辐条	01	01	根	13	外购 生产耗用
0201	单人自行车	02	02	辆	13	内销 外销 自制
0202	双人自行车	02	02	辆	13	内销 外销 自制
0301	运输费	03	02	元	9	应税劳务

表 4-31 仓库档案

仓库编码	仓库名称	计价方式
01	原材料库	移动平均法
02	成品一库	移动平均法
03	成品二库	移动平均法

6. 收发类别

收发类别如表 4-32 所示。

7. 采购类型

采购类型如表 4-33 所示。

8. 销售类型

销售类型如表 4-34 所示。

表 4-32 收发类别

收发类别编码	收发类别名称
1	采购入库
2	产成品入库
3	材料出库
4	销售出库
5	采购退货
6	盘盈入库
7	盘亏出库

表 4-33 采购类型

采购类型编码	采购类型名称	入库类别	是否默认值
01	本地采购	采购入库	是
02	外地采购	采购入库	否
03	采购退货	采购退货	否

表 4-34 销售类型

销售类型编码	销售类型名称	出库类别	是否默认值
01	核心客户销售	销售出库	是
02	普通客户销售	销售出库	否

9. 费用项目

费用项目如表 4-35 所示。

表 4-35 费用项目

费用项目编码	费用项目名称	费用项目分类
11	广告费	销售费用
12	其他	销售费用
21	运费	代垫费用
22	保险费	代垫费用

10. 费用项目分类

费用项目分类如表 4-36 所示。

表 4-36 费用项目分类

费用项目分类编码	费用项目分类名称
1	销售费用
2	代垫费用

(三)业务科目设置

1. 根据存货分类设置存货科目

存货科目如表 4-37 所示。

表 4-37 存货科目

仓库编码	仓库名称	存货编码	存货名称	存货科目编码
01	原材料库	0101	车轮	140301
01	原材料库	0102	车圈	140302
01	原材料库	0103	轮胎	140303
01	原材料库	0104	车座	140304
01	原材料库	0105	车架	140305
01	原材料库	0106	长车架	140306
01	原材料库	0107	辐条	140307
02	成品一库	0201	单人自行车	1405
03	成品二库	0202	双人自行车	1405

2. 根据收发类别设置存货的对方科目

存货的对方科目如表 4-38 所示。

表 4-38 存货的对方科目

收发类别编码	存货分类编码	存货分类名称	存货名称	对方科目编码
1	01	原材料	车轮	140201
1	01	原材料	车圈	140202
1	01	原材料	轮胎	140203
1	01	原材料	车座	140204
1	01	原材料	车架	140205
1	01	原材料	长车架	140206
1	01	原材料	辐条	140207
2	02	产成品		5001
3	01	原材料		5001
4				6401

3. 结算科目

结算科目如表 4-39 所示。

表 4-39 结算科目

结算方式	结算名称	币种	科目编码	科目名称
1	现金结算	人民币	1001	库存现金
202	转账支票	人民币	100201	工商银行

4. 设置应收款管理系统中的常用科目

1) 设置应收款管理系统的账套参数

将坏账处理方式设置为"应收余额百分比法"。

2) 基本科目设置

基本科目如表 4-40 所示。

表 4-40　基本科目

基本科目	对应科目
应收科目	应收账款(1122)
预收科目	预收账款(2203)
税金科目	应交税费/应交增值税/销项税额(22210103)

3) 结算方式科目设置

结算方式科目如表 4-41 所示。

表 4-41　结算方式科目

结算方式名称	本单位账号	对应科目
现金结算	622050286543	库存现金(1001)
现金支票	622050286543	工商银行(100201)
转账支票	622050286543	工商银行(100201)

4) 坏账准备设置

提取比例：0.5%；期初余额：1 170；坏账准备科目：坏账准备(1231)；对方科目：信用减值损失(6702)。

5. 设置应付款管理系统中的常用科目

1) 基本科目设置

基本科目如表 4-42 所示。

表 4-42　基本科目

基本科目	对应科目
应付科目	应付账款/一般付款(220201)
预付科目	预付账款(1123)
税金科目	应交税费/应交增值税/进项税额(22210101)

2) 结算方式科目设置

结算方式科目如表 4-43 所示。

(四)期初数据

1. 采购管理系统期初数据

(1) 2019 年 12 月 25 日，收到融通公司提供的车轮 500 套，单价 60 元，商品已验收入原材料库,至今未收到发票。

(2) 2019 年 12 月 1 日,收到腾飞公司开具的采购专用发票一张,票号 111222,购买长车架 100 个,单价 140 元。

(3) 2019 年 12 月 1 日,收到腾飞公司开具的采购专用发票一张,票号 111223,购买辐条 6 250 根,单价 1.6 元。

表 4-43 结算方式科目

结算方式名称	本单位账号	对应科目
现金结算	622050286543	库存现金(1001)
现金支票	622050286543	工商银行(100201)
转账支票	622050286543	工商银行(100201)

2. 库存和存货核算系统期初数据

各仓库期初数据如表 4-44 所示。

表 4-44 各仓库期初数据

仓库名称	存货名称	数量	结存单价	金额
原料库	车轮	1 028	60	61 680
	车圈	2 060	20	41 200
	轮胎	2 063	20	41 260
	车座	1 030	40	41 200
	车架	3 120	60	187 200
	长车架	280	140	39 200
	辐条	26 500	1.5	39 750
成品一库	单人自行车	6 000	250	1 500 000
成品二库	双人自行车	1 580	430	679 400

3. 应收款管理系统期初数据

1) 应收票据期初余额

应收票据期初余额如表 4-15 所示。

2) 应收账款期初余额

应收账款期初余额(以应收单形式录入)如表 4-16 所示。

4. 应付款管理系统期初数据

1) 应付票据期初余额

应付票据期初余额如表 4-17 所示。

2) 应付账款期初余额

应付账款期初余额(以应付单形式录入)如表 4-18 所示。

第五章　记录经济业务发生的原始凭证

【本章提要】

本章内容主要是为学生提供一个仿真实训场景，包含模拟企业日常业务活动中所涉及的原始凭证，学生结合模拟企业会计核算制度要求分析判断业务活动的性质、类型，按照信息化环境下业务处理的流程进行会计处理。

【学习目标】

1. 熟悉企业的日常业务类型。
2. 结合原始凭证，能够判断业务类型。

业务 1

1 日，采购轮胎入库，货款未付。

购销合同

合同编号：0001

购货单位（甲方）：山西征途实业有限公司

销货单位（乙方）：湖北中盛有限公司

　　为了保护买卖双方依合法权益，买卖双方根据《中华人民共和国合同法》的有关规定，经友好协商，一致同意签订本合同，共同遵守。

第一条 购销明细

序号	产品名称	规格型号	单位	数量	单价（不含税）	金额（不含税）	税率	价税合计
1	轮胎		个	300	24.00	7200.00	13%	8136.00
2								
合计								8136.00

合同总金额大写人民币：__捌仟壹佰叁拾陆元整__

第二条 付款时间与付款方式

　　__2020 年 2 月，转账__

第三条 交货时间与地点

　　时间：__2020 年 1 月 1 日__

　　地点：__山西征途实业有限公司__

第四条 发运方式与运输费用承担方式

　　__卖方发货并承担运费__

卖　方：湖北中盛有限公司　　　　买　方：山西征途实业有限公司
授权代表：　　　　　　　　　　　　授权代表：
日　期：2020 年 1 月 1 日　　　　　日　期：2020 年 1 月 1 日

收料单

2020 年 01 月 01 日　　　　　　　收……字 第…001…号

供应单位：湖北中盛有限公司　　材料类别：原材料　　收料仓库：原材料库

编号	材料名称	规格	应收数量	实收数量	单位	单价	金额（万千百十元角分）
0103	轮胎		300	300	个	24.00	7 2 0 0 0 0

备注：　　　　验收人盖章：李海波　　合计 ¥ 7200.00

会计　　出纳　　复核　　记账　　制单 李海波

第二联：记账联

湖北省增值税专用发票

发票联（国家税务总局监制）

№ 202001010032

开票日期：2020 年 1 月 1 日

购货单位：
- 名称：山西征途实业有限公司
- 纳税人识别号：140302897896723
- 地址、电话：山西省太原市高新技术开发区 1 号 0351-7966255
- 开户行及账号：中国工商银行太原分行 622050286543

货物或应税劳务名称	规格型号	单位	数量	单价	金额	税率	税额
轮胎		个	300	24.00	7,200.00	13%	936.00
合计					¥7,200.00		¥936.00

价税合计（大写）：⊗ 捌仟壹佰叁拾陆元整　　（小写）¥8,136.00

销货单位：
- 名称：湖北中盛有限公司
- 纳税人识别号：420352015628796
- 地址、电话：武汉市江汉区汉兴街 169 号 027-87879888
- 开户行及账号：建设银行武汉市汉兴支行 6227522822215628796

收款人：　　复核人：　　开票人：　　销货单位（章）

（湖北中盛有限公司 6227522822215628796 发票专用章）

第三联：发票联　购买方记账凭证

业务 2

3 日，与湖南隆昌集团签订销售合同，根据合同收到预付货款。

购销合同

合同编号：0002

购货单位（甲方）：湖南隆昌集团

销货单位（乙方）：山西征途实业有限公司

为了保护买卖双方依合法权益，买卖双方根据《中华人民共和国合同法》的有关规定，经友好协商，一致同意签订本合同，共同遵守。

第一条 购销明细

序号	产品名称	规格型号	单位	数量	单价（不含税）	金额（不含税）	税率	价税合计
1	单人自行车		辆	500	300.00	150000.00	13%	169500.00
2								
合计								169500.00

合同总金额大写人民币：　拾陆万玖仟伍佰元整　

第二条 付款时间与付款方式

　　签订合同当日，买方向卖方以支票方式支付预付款人民币叁万元整（¥30000.00）。交货并验收合格后，买方向卖方开出支票结算剩余货款，即人民币壹拾叁万玖仟伍佰元整（¥139500.00）。

第三条 交货时间与地点

　　时间：2020 年 1 月 11 日

　　地点：湖南隆昌集团

第四条 发运方式与运输费用承担方式

　　卖方发货，运费由买方承担

卖　　方：山西征途实业有限公司　　　　买　　方：湖南隆昌集团

授权代表：　　　　　　　　　　　　　　授权代表：

日　　期：2020 年 1 月 3 日　　　　　　日　　期：2020 年 1 月 3 日

记录经济业务发生的原始凭证 第五章

中国工商银行 进账单（收账通知） 3

2020 年 01 月 03 日

出票人	全称	湖南隆昌集团	收款人	全称	山西征途实业有限公司
	账号	6222002672728797243		账号	622050286543
	开户银行	工商银行长沙市星沙支行		开户银行	中国工商银行太原分行

金额：人民币（大写）叁万元整　￥300000.00

票据种类：转账支票　　票据张数：1

票据号码：00130933

中国工商银行太原分行 2020.01.03 转讫

此联是收款人开户银行交给收款人的收账通知

复核　记账　　　收款人开户银行签章

业务3

3日，缴纳企业上月各项税费，分别制单，结算方式：其他。

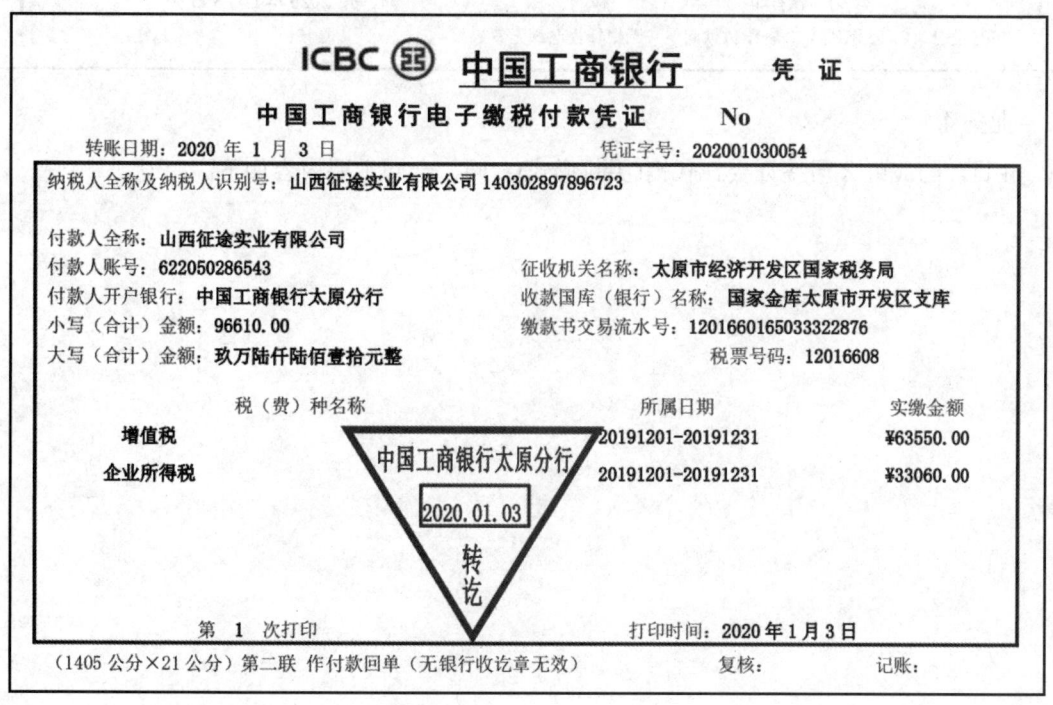

（1405 公分×21 公分）第二联 作付款回单（无银行收讫章无效）　复核：　　记账：

```
                    ICBC 中国工商银行        凭 证
                 中国工商银行电子缴税付款凭证    No
  转账日期:2020 年 1 月 3 日              凭证字号:202001030021
  纳税人全称及纳税人识别号:山西征途实业有限公司 140302897896723
  付款人全称: 山西征途实业有限公司
  付款人账号: 622050286543          征收机关名称:太原市经济开发区国家税务局
  付款人开户银行:中国工商银行太原分行  收款国库(银行)名称:国家金库太原市开发区支库
  小写(合计)金额: 6515.54           缴款书交易流水号:12016601650333228 76
  大写(合计)金额: 陆仟伍佰壹拾伍元五角四分        税票号码:12016601
   税(费)种名称                所属日期              实缴金额
    城市维护建设税              20191201-20191231    ¥4448.50
    教育费附加                 20191201-20191231    ¥1906.50
    个人所得税                 20191201-20191231    ¥160.54

           第 1 次打印                   打印时间:2020 年 1 月 3 日
  (1405 公分×21 公分)第二联 作付款回单(无银行收讫章无效)   复核:      记账:
```

业务 4

4 日，与飞虹公司签订委托代销(买断形式)合同，合同主要内容如下。

委托代销合同

合同编号：0003

委托单位（甲方）：山西征途实业有限公司

代销单位（乙方）：深圳飞虹有限公司

　　为了保护买卖双方依合法权益，买卖双方根据《中华人民共和国合同法》的有关规定，经友好协商，一致同意签订本合同，共同遵守。

第一条 甲方委托乙方在区域内销售甲方供应的产品，乙方不能超区域经营；

第二条 乙方以自己名义对外销售，独立承担责任；

第三条 甲方按照双方约定的价格给乙方供应货物：

　　委托商品：单人自行车

　　代销数量：400 辆

　　代销价格：200 元/辆

第四条 付款时间及付款方式：

　　每月 24 日根据实际销售数量结算付款。

第五条 双方发生争执后，先协商解决，协商不成任何一方均可提起诉讼。

受 托 方：深圳飞虹有限公司　　　　委 托 方：山西征途实业有限公司

授权代表：　　　　　　　　　　　　授权代表：

日　　期：2020 年 1 月 4 日　　　　日　　期：2020 年 1 月 4 日

出库单

出货单位：山西征途实业有限公司　　2020 年 01 月 04 日　　单号：001

提货单位或部门	深圳飞虹有限公司		销售单号		发出仓库	成品一库	出库日期	2020.1.4
编号	名 称		规 格	单 位	数量		单 价	金 额
					应发	实发		
0201	单人自行车			辆	400	400		
	合　　计							

部门经理：　　　会计：　　　仓库：　　　经办人：

记账联

业务 5

5 日，收到融通经贸公司采购专用发票一张，货物已于上月入库，货款以转账支票方式支付(使用现付功能)。

业务6

6日，与康普公司签订销售合同并发货。

购销合同

合同编号：0004

购货单位（甲方）：山西康普有限公司

销货单位（乙方）：山西征途实业有限公司

为了保护买卖双方依合法权益，买卖双方根据《中华人民共和国合同法》的有关规定，经友好协商，一致同意签订本合同，共同遵守。

第一条 购销明细

序号	产品名称	规格型号	单位	数量	单价（不含税）	金额（不含税）	税率	价税合计
1	双人自行车		辆	100	500.00	50000.00	13%	56500.00
2								
合计								56500.00

合同总金额大写人民币：<u>伍万陆仟伍佰元整</u>

第二条 付款时间与付款方式

付款条件：<u>"4/10, 1/30, n/60"</u>

付款结算方式：<u>转账支票</u>

第三条 交货时间与地点

时间：<u>2020年1月6日</u>

地点：<u>山西康普有限公司</u>

第四条 发运方式与运输费用承担方式

<u>卖方发货，运费由买方承担</u>

卖　方：山西征途实业有限公司　　　　　买　方：山西康普有限公司
授权代表：　　　　　　　　　　　　　　授权代表：
日　　期：2020年1月6日　　　　　　　日　　期：2020年1月6日
（合同专用章）　　　　　　　　　　　　（合同专用章）

出库单

出货单位：山西征途实业有限公司　　2020年01月06日　　单号：002

提货单位或部门	山西康普有限公司		销售单号		发出仓库	成品二库	出库日期	2020.1.6
编号	名称	规格	单位	数量 应发	数量 实发	单价	金额	
0202	双人自行车		辆	100	100			
		合　计						

记账联

部门经理：　　　会计：　　　仓库：　　　经办人：

业务 7

8日,从泰兴公司购入车圈,运费发票填制采购专用发票,货款暂欠。(合并制单)

购销合同

合同编号:0005

购货单位(甲方):山西征途实业有限公司

销货单位(乙方):山西泰兴实业公司

为了保护买卖双方依合法权益,买卖双方根据《中华人民共和国合同法》的有关规定,经友好协商,一致同意签订本合同,共同避守。

第一条 购销明细

序号	产品名称	规格型号	单位	数量	单价(不含税)	金额(不含税)	税率	价税合计
1	车圈		个	500	20.00	10000.00	13%	11300.00
2								
合计								11300.00

合同总金额大写人民币:壹万壹仟叁佰元整

第二条 付款时间与付款方式

    2020年4月支付货款

第三条 交货时间与地点

    时间:2020年1月8日

    地点:山西征途实业有限公司

第四条 发运方式与运输费用承担方式

    卖方发货,运费由买方承担

卖 方:山西泰兴实业公司
授权代表:
日 期:2020年1月8日

买 方:山西征途实业有限公司
授权代表:
日 期:2020年1月8日

收 料 单

2020年01月08日   收字 第002号

供应单位:山西泰兴实业公司		材料类别:原材料			收料仓库:原材料库		
编号	材料名称	规 格	应收数量	实收数量	单位	单价	金额(万千百十元角分)
0102	轮圈		500	500	个	20.00	1 0 0 0 0 0 0

备注: 验收人盖章:李海波   合计¥10000.00

会计   出纳   复核   记账   制单 李海波

业务 8

9日，收到讯飞公司3个月期限的银行承兑汇票，抵前欠货款。

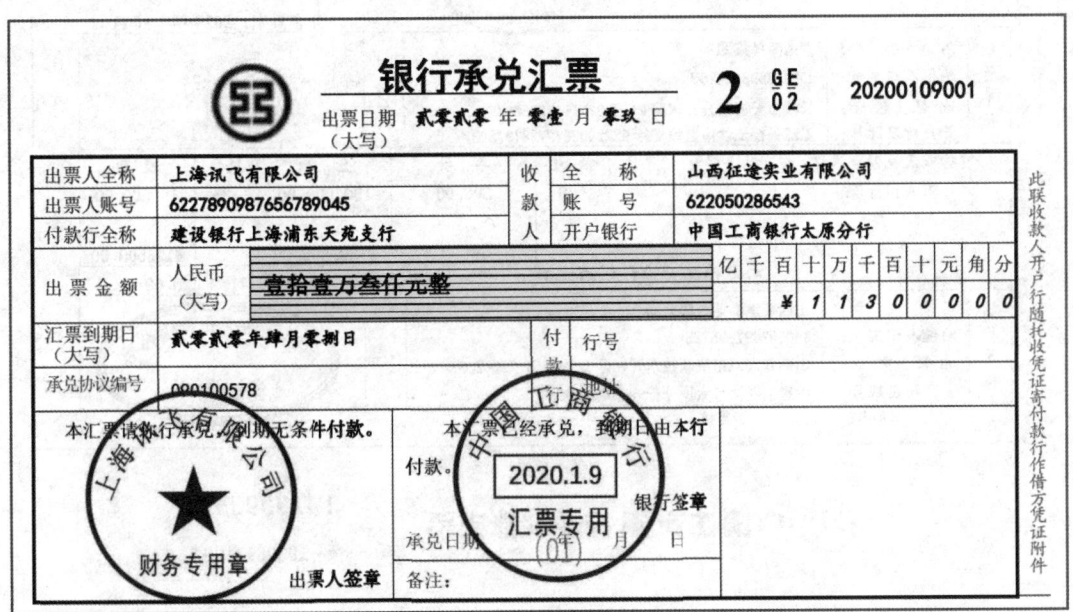

业务9

11日，按合同给隆昌集团发货，并收到余款。(现结处理)

出 库 单

出货单位：山西征途实业有限公司　　2020年01月11日　　单号：003

提货单位或部门	湖南隆昌集团	销售单号		发出仓库	成品一库	出库日期	2020.1.11
编号	名称	规格	单位	数量		单价	金额
				应发	实发		
0201	单人自行车		辆	500	500		
	合 计						

部门经理：　　　会计：　　　仓库：　　　经办人：

山西省增值税专用发票　No 202001110056

此联不做报销、扣税凭证使用
国家税务总局监制

开票日期：2020年1月11日

购货单位	名　　称	湖南隆昌集团				密码区		
	纳税人识别号	430107698334702						
	地　址、电　话	长沙市天福区开元东路21号 0731-42235667						
	开户行及账号	工商银行长沙市星沙支行 6222002672728797243						
货物或应税劳务名称	规格型号	单位	数量	单价	金额	税率	税额
单人自行车		辆	500	300.00	150,000.00	13%	19,500.00
合计					¥150,000.00		¥19,500.00
价税合计（大写）		⊗壹拾陆万玖仟伍佰元整			（小写）¥169,500.00		
销货单位	名　　称	山西征途实业有限公司			备注		
	纳税人识别号	140302897896723					
	地　址、电　话	山西省太原市高新技术开发区1号 0351-7966255					
	开户行及账号	中国工商银行太原分行 622050286543					
收款人：		复核人：		开票人：		销货单位（章）	

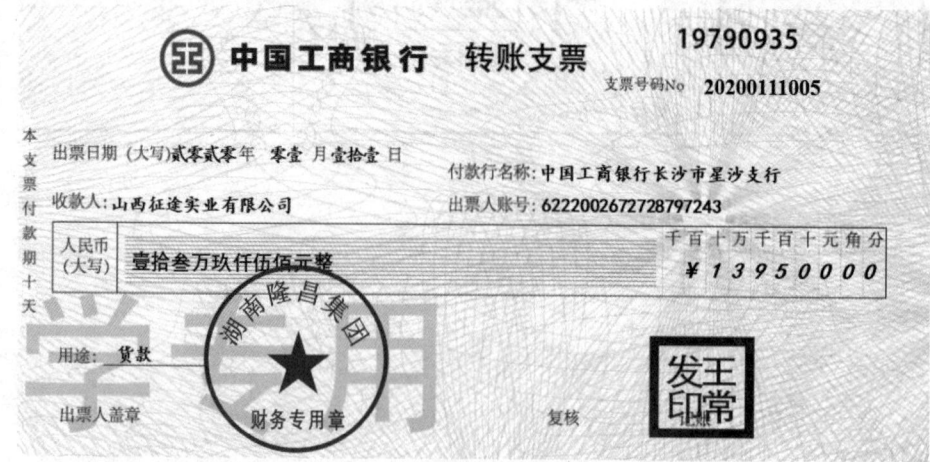

中国工商银行　转账支票　19790935

支票号码No 20200111005

出票日期(大写) 贰零贰零年 零壹月 壹拾壹日　　付款行名称：中国工商银行长沙市星沙支行
收款人：山西征途实业有限公司　　出票人账号：6222002672728797243

人民币(大写) 壹拾叁万玖仟伍佰元整　　￥1395000 0

用途：货款

出票人盖章：　　财务专用章　　复核：

业务 10

12 日，车间领用原材料。

领 料 单

2020 年 01 月 12 日　　　　　　　　　第…004…号

领料部门：生产一部　　　　用途：生产单人自行车

编号	材料名称	规格	单位	数量 请领	数量 实发	成本 单价	成本 金额
0102	车圈		个	600	600		
0103	轮胎		个	600	600		
0104	车座		个	300	300		
0105	车架		个	300	300		
0107	辐条		根	1920	1920		

部门经理：　　　会计：　　　仓库：李海波　　　经办人：

第二联：记账联

领 料 单

2020 年 01 月 12 日　　　　　　　　　第…005…号

领料部门：生产二部　　　　用途：生产双人自行车

编号	材料名称	规格	单位	数量 请领	数量 实发	成本 单价	成本 金额
0104	车座		个	400	400		
0101	车轮		套	200	200		
0106	长车架		个	200	200		

部门经理：　　　会计：　　　仓库：李海波　　　经办人：

第二联：记账联

业务 11

14 日，通过银行转账发放上月工资。

业务 12

17 日,收到康普公司开出转账支票,结清 6 日采购双人自行车货款,财务办理收款核销制单。(合并制单)

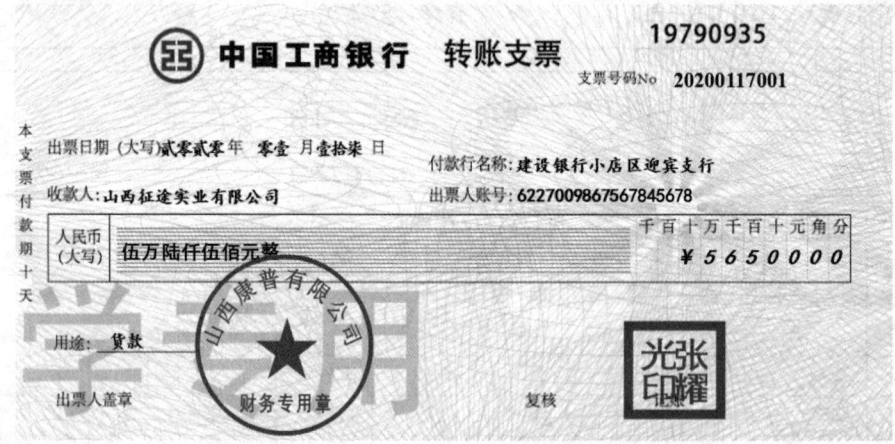

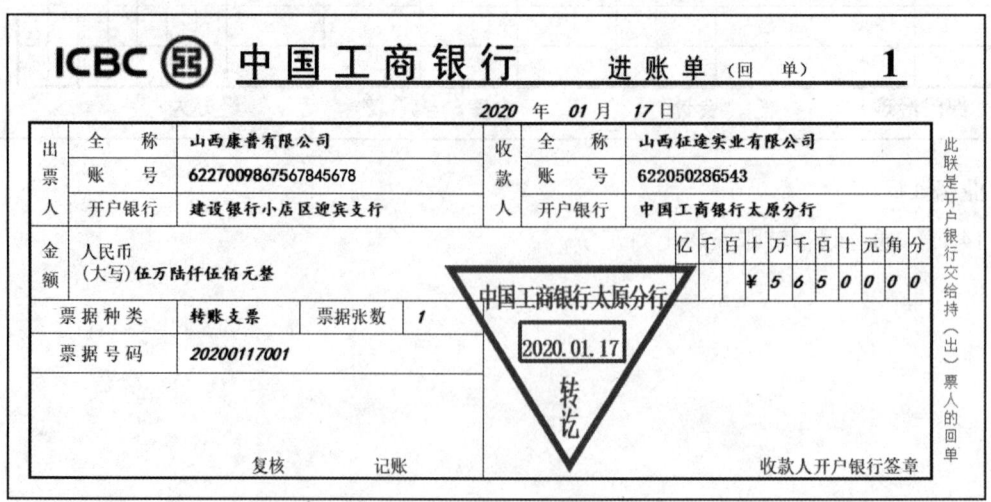

业务 13

22 日，从成都融通经贸公司购进长车架一批，办理入库手续时经质量检验，损耗了 10 个，其中 4 个属于合理损耗，6 个为非合理损耗。货款暂欠。[在存货核算系统中勾选：已结算采购入库单自动选择全部结算单上单据(包括入库单、发票、付款单)，非本月采购入库单按蓝字报销单制单]

购销合同

合同编号：0006

购货单位（甲方）：山西征途实业有限公司
销货单位（乙方）：成都融通经贸公司

为了保护买卖双方依合法权益，买卖双方根据《中华人民共和国合同法》的有关规定，经友好协商，一致同意签订本合同，共同遵守。

第一条 购销明细

序号	产品名称	规格型号	单位	数量	单价（不含税）	金额（不含税）	税率	价税合计
1	长车架		个	500	140.00	70000.00	13%	79100.00
2								
合计								79100.00

合同总金额大写人民币： 柒万玖仟壹佰元整

第二条 付款时间与付款方式
　　 1 个月后付款

第三条 交货时间与地点
　　时间： 2020 年 1 月 22 日
　　地点： 山西征途实业有限公司

第四条 发运方式与运输费用承担方式
　　 卖方发货并承担运费

卖　　方：成都融通经贸公司　　　　买　　方：山西征途实业有限公司
授权代表：　　　　　　　　　　　　授权代表：
日　　期：2020 年 1 月 22 日　　　 日　　期：2020 年 1 月 22 日

收料单

2020 年 01 月 22 日　　收字 第 003 号

供应单位：成都融通经贸公司			材料类别：原材料			收料仓库：原材料库		
编号	材料名称	规格	应收数量	实收数量	单位	单价	金额（万千百十元角分）	
0106	长车架		500	490	个			

备注：　　　验收人盖章：李海波　　合计：

会计　　出纳　　复核　　记账　　制单 李海波

四川省增值税专用发票　No.202001220035

开票日期：2020 年 1 月 22 日

购货单位	名称：山西征途实业有限公司 纳税人识别号：140302897896723 地址、电话：山西省太原市高新技术开发区 1 号 0351-7966255 开户行及账号：中国工商银行太原分行 622050286543

货物或应税劳务名称	规格型号	单位	数量	单价	金额	税率	税额
长车架		个	500	140.00	70,000.00	13%	9,100.00
合计					¥70,000.00		¥9,100.00

价税合计（大写）：㊣柒万玖仟壹佰元整　　（小写）¥79,100.00

销货单位	名称：成都融通经贸公司 纳税人识别号：915101813522892 地址、电话：成都市锦江区芙蓉路 35 号 028-99526987 开户行及账号：建设银行成都市锦江区芙蓉支行 6227190889675645678

收款人：　　复核人：　　开票人：

业务 14

23 日，经查明原因，长车架非合理损耗属胡春雪个人原因造成。

业务 15

23 日，因质量问题退还本月 1 日从湖北中盛公司购入的轮胎 100 个，收到红字专用发票一张。

入库单

2020 年 01 月 23 日　　　　　单号：005

交来单位及部门	采购部	发票号码或生产单号码		验收仓库	原料库		入库日期	2020.1.23	
编号	名称及规格	单位	数量		实际价格		计划价格		价格差异
			交库	实收	单价	金额	单价	金额	
0103	轮胎	个	-100	-100					
	合　　计								

部门经理：　　　会计：　　　仓库：李海波　　　经办人：

湖北省增值税专用发票

No 202001230061

销项负数

开票日期：2020 年 1 月 23 日

购货单位	名　　　称：	山西征途实业有限公司
	纳税人识别号：	140302897896723
	地址、电话：	山西省太原市高新技术开发区1号 0351-7966255
	开户行及账号：	中国工商银行太原分行 622050286543

货物或应税劳务名称	规格型号	单位	数量	单价	金额	税率	税额
轮胎		个	-100	24.00	-2,400.00	13%	-312.00
合计					¥-2,400.00		¥-312.00
价税合计（大写）	⊗ 贰仟柒佰壹拾贰元整				（小写）¥-2,712.00		

销货单位	名　　　称：	湖北中盛有限公司
	纳税人识别号：	420352015628796
	地址、电话：	武汉市江汉区汉兴街169号 027-87879888
	开户行及账号：	建设银行武汉市汉兴支行 6227522822215628796

收款人：　　复核人：　　开票人：　　销货单位（章）

业务 16

23 日，生产一部完工自行车入成品一库，生产二部完工双人自行车入成品二库。

入库单

2020 年 01 月 23 日　　　　　　　　　　　　单号：001

交来单位及部门	生产一部	发票号码或生产单号码		验收仓库	成品一库	入库日期	2020.1.23	
编号	名称及规格	单位	数量		实际价格		计划价格		价格差异
			交库	实收	单价	金额	单价	金额	
0201	单人自行车	辆	300	300					
合计									

部门经理：　　　　会计：　　　　仓库：李海波　　　　经办人：

入库单

2020 年 01 月 23 日　　　　　　　　　　　　单号：002

交来单位及部门	生产二部	发票号码或生产单号码		验收仓库	成品二库	入库日期	2020.1.23	
编号	名称及规格	单位	数量		实际价格		计划价格		价格差异
			交库	实收	单价	金额	单价	金额	
0202	双人自行车	辆	200	200					
合计									

部门经理：　　　　会计：　　　　仓库：李海波　　　　经办人：

业务 17

24 日，飞虹公司根据其公司实际销售情况，跟远征自行车厂进行结算(使用现结功能)。

业务 18

25 日，隆昌集团的票据(NO.111225)到期收回。

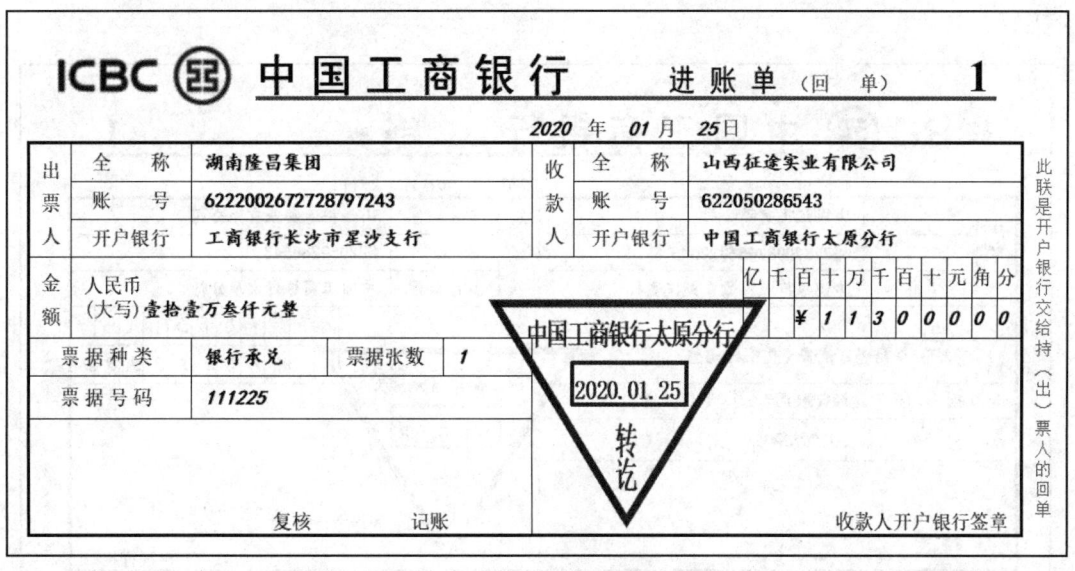

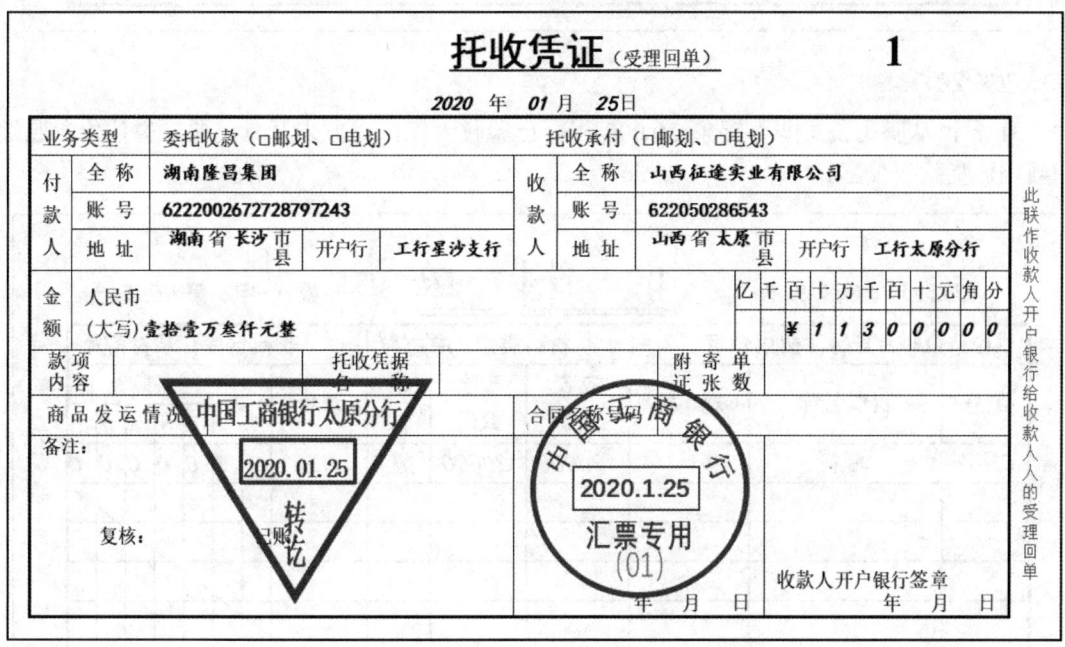

业务 19

28 日，将讯飞公司开具的银行承兑汇票(NO.20200109001)办理贴现，贴现率为 4%，款存工行。

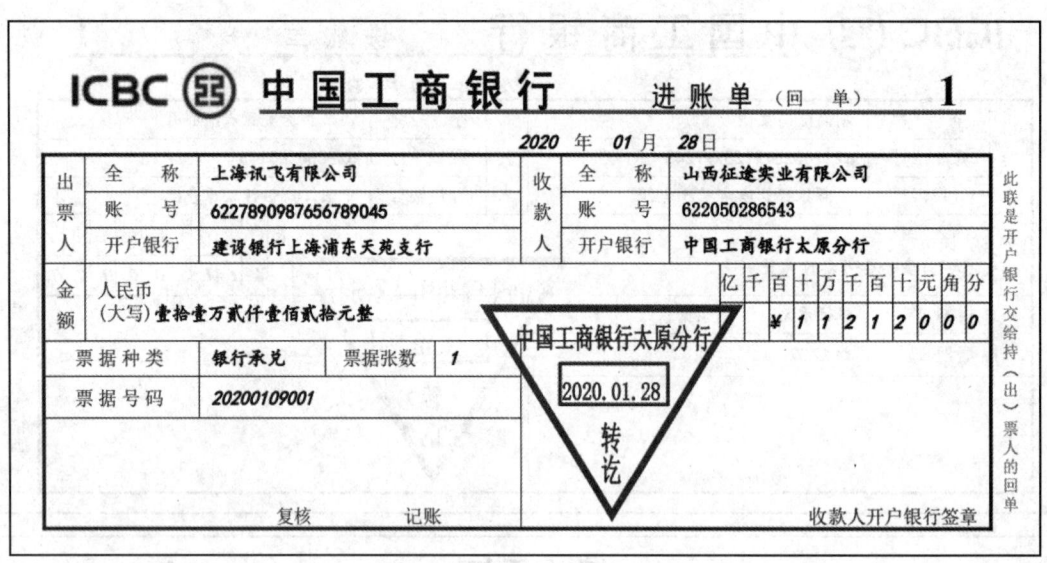

业务 20

31 日，从腾飞公司购入辐条 20 000 根，已验收入库，对方未开具发票，暂估价参照期初数据，货款暂欠。

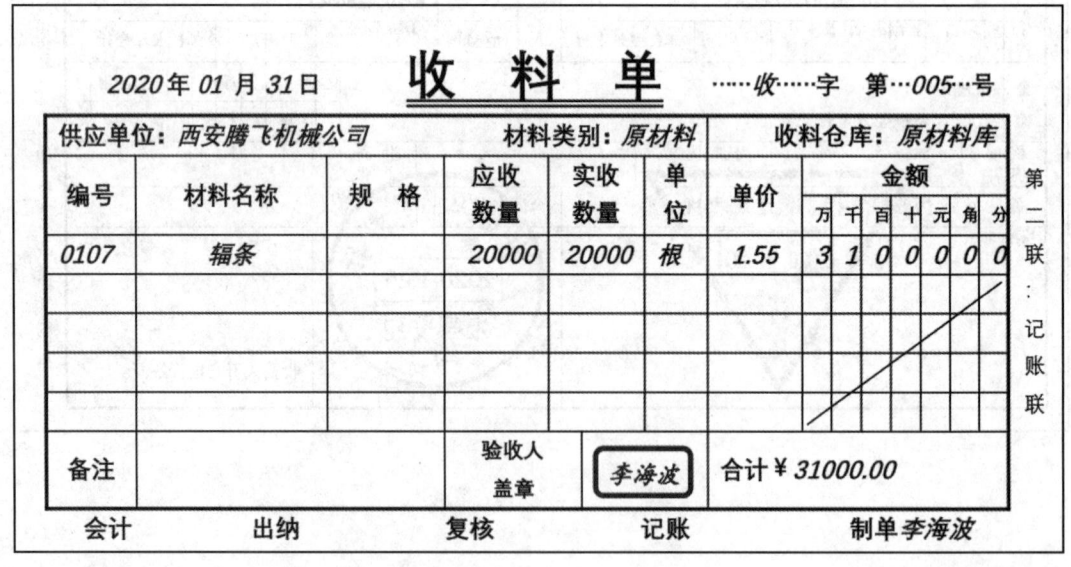

购销合同

合同编号：0007

购货单位（甲方）：山西征途实业有限公司
销货单位（乙方）：西安腾飞机械公司

为了保护买卖双方依合法权益，买卖双方根据《中华人民共和国合同法》的有关规定，经友好协商，一致同意签订本合同，共同遵守。

第一条 购销明细

序号	产品名称	规格型号	单位	数量	单价（不含税）	金额（不含税）	税率	价税合计
1	辐条		根	20000	1.55	31000.00	13%	35030.00
2								
合计								35030.00

合同总金额大写人民币： 叁万伍仟零叁拾元整

第二条 付款时间与付款方式

　　　2020 年 4 月

第三条 交货时间与地点

　　时间： 2020 年 1 月 31 日

　　地点： 西安腾飞机械公司

第四条 发运方式与运输费用承担方式

　　　卖方发货并承担运费

卖　方：西安腾飞机械公司　　　　买　方：山西征途实业有限公司
授权代表：　　　　　　　　　　　　授权代表：
日　　期：2020 年 1 月 31 日　　　日　　期：2020 年 1 月 31 日

业务 21

31 日，月末对原材料库和成品库进行实地盘点，盘盈 1 箱辐条(100 根)。经查明属多收材料，经研究批准盘盈收入 150 元做营业外收入。

业务 22

31 日，收到胡春雪长车架损耗现金赔款，进行账务处理。

业务 23

31 日，计提本月固定资产折旧。

业务 24

31 日，分摊在职人员工资。奖金标准：销售部人员为 500 元，其他人员 300 元。(为简

便计算，不再进行五险一金的计提)

在职人员工资数据表

人员编码	人员姓名	基本工资	职务补贴	缺勤天数
001	郑晨阳	7 000	2 000	
002	徐静静	4 000	1 000	
003	陈光明	6 000	1 500	2
004	李凯波	5 000	1 500	
005	陈悦瑶	5 000	1 500	
006	张宇晨	4 000	1 500	
007	刘 红	4 000	1 500	
008	陈国军	5 000	1 500	
009	高志鹏	5 000	1 500	3
010	胡春雪	4 000	1 500	
011	王少杰	5 000	1 500	
012	李浩然	4 000	1 500	
013	赵家辉	5 000	1 500	1
014	张文杰	4 000	1 500	
015	李海波	3 000	1 500	

第六章 会计信息化环境下的账务处理

【本章提要】

本章的学习内容是会计信息化综合实训的重点内容,涵盖了各子系统的初始化设置,这是会计核算日常工作的基础;以及在此基础上结合经济业务所涉及的原始凭证分析其业务类型,在相关子系统中进行账务处理。

【学习目标】

1. 掌握总账管理系统、薪资管理系统、固定资产管理系统以及供应链管理各子系统的初始化设置。

2. 熟悉企业的日常业务处理流程,结合原始凭证能够借助财务软件进行账务处理,实现财务业务一体化。

3. 熟悉财务软件中各子系统之间的数据传递关系,掌握记账凭证审核、修改、删除及记账的方法。

4. 具备在会计信息化环境下进行账务处理的能力。

第一节 基础设置

一、基础信息

(一)系统注册

(1) 执行"开始"|"程序"|"用友"|"系统服务"|"系统管理"命令,进入"系统管理"窗口。

(2) 执行"系统"|"注册"命令,打开"登录"系统管理对话框,系统管理员密码为空,选择系统默认账套(default),单击"确定"按钮后,以系统管理员的身份进入系统管理。

(二)设置用户

(1) 执行"权限"|"用户"命令,进入"用户管理"窗口。

(2)单击"增加"按钮,打开"增加用户"对话框,单击工具栏上的"增加"按钮,录入用户的编号、姓名、口令、认证方式、所属部门等内容,然后单击"增加"按钮,即可完成对用户的增加,如图6-1所示。通过单击工具栏上的"修改"或"删除"按钮,可以对用户进行修改与删除。

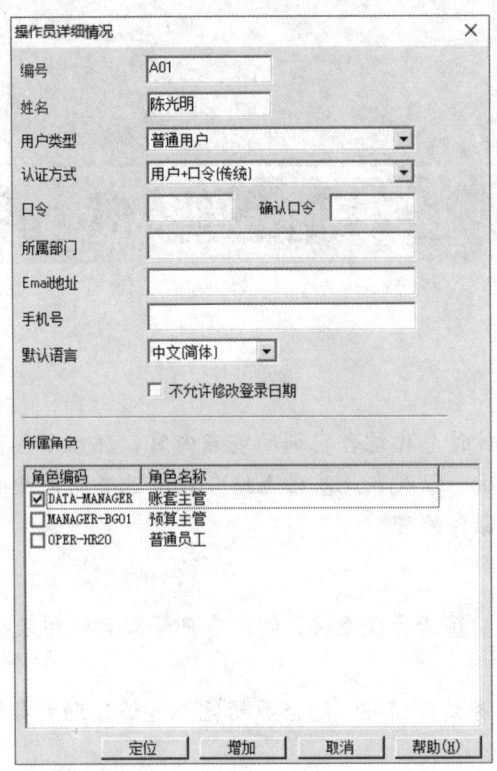

图6-1 "操作员详细情况"对话框

(3)根据第四章"表4-1用户及权限",依次增加所有的用户,如图6-2所示。

图6-2 "用户管理"对话框

(三)建立账套

(1) 执行"账套"|"建立"命令,打开"创建账套"对话框,如图 6-3 所示。

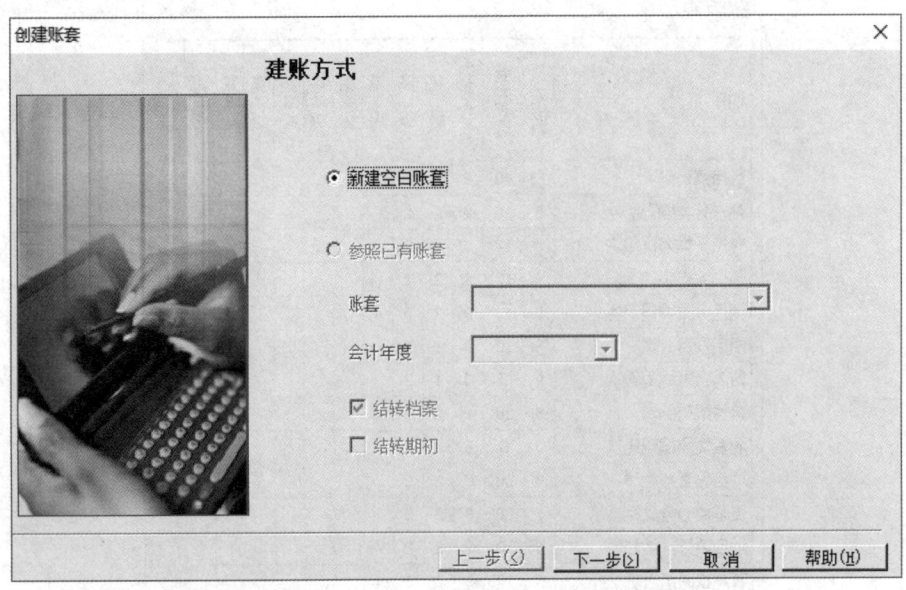

图 6-3 "创建账套"对话框——建账方式

(2) 根据第四章第一节"一、(二)账套信息",按创建账套提示录入账套信息,如图 6-4 所示。

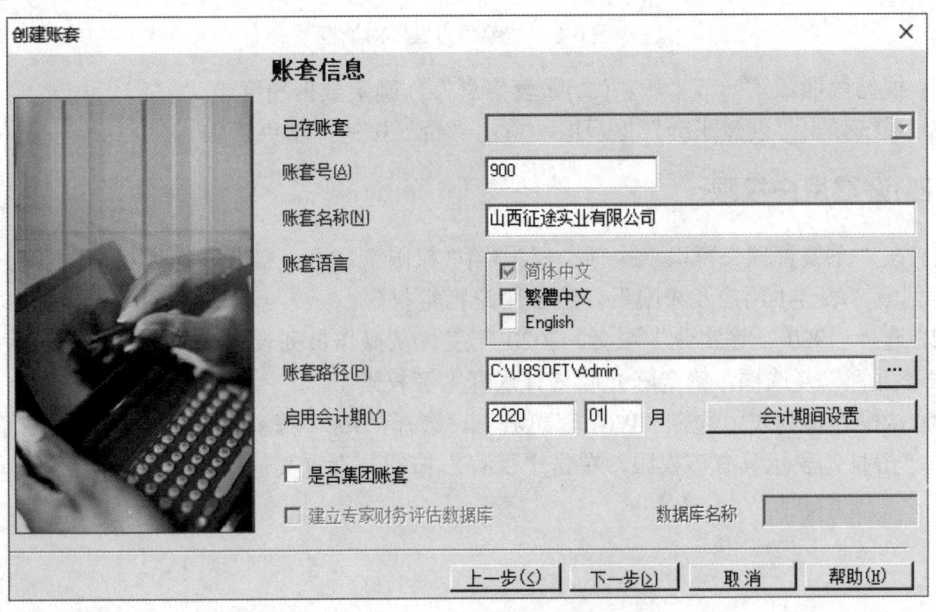

图 6-4 "创建账套"对话框——账套信息

(3) 依次单击"下一步"按钮,最后单击"完成"按钮,系统提示"可以创建账套了么?",单击"是"按钮,系统打开"编码方案"对话框,开始创建账套。

(4) 根据第四章第一节"一、(二)账套信息",设置编码方案如图 6-5 所示,确定后单击"取消"按钮。

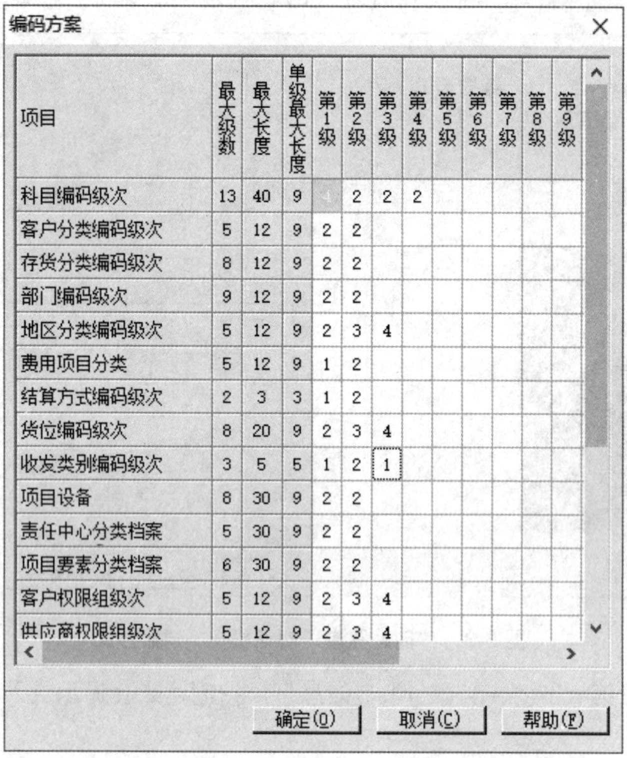

项目	最大级数	最大长度	单级最大长度	第1级	第2级	第3级	第4级	第5级	第6级	第7级	第8级	第9级
科目编码级次	13	40	9		2	2	2					
客户分类编码级次	5	12	9	2	2							
存货分类编码级次	8	12	9	2	2							
部门编码级次	9	12	9	2	2							
地区分类编码级次	5	12	9	2	3	4						
费用项目分类	5	12	9	1	2							
结算方式编码级次	2	3	3	1	2							
货位编码级次	8	20	9	2	3	4						
收发类别编码级次	3	5	5	1	2	1						
项目设备	8	30	9	2	2							
责任中心分类档案	5	30	9	2	2							
项目要素分类档案	6	30	9	2	2							
客户权限组级次	5	12	9	2	3	4						
供应商权限组级次	5	12	9	2	3	4						

图 6-5 "编码方案"对话框

(5) 根据第四章第一节"一、(二)账套信息",确定数据精度。

(6) 系统弹出"创建账套"提示框,单击"否"按钮,结束建账。

(四)设置用户权限

(1) 在"系统管理"窗口,执行"权限"|"权限"命令,打开"操作员权限"对话框。根据第四章"表 4-1 用户及权限",给各用户指定权限。

(2) 选择"900 征途实业"账套,2020 年度。从操作员列表中选择"A01 陈光明",选中"账套主管"复选框,确定陈光明具有账套主管权限。

(3) 从操作员列表中选择"W01 李凯波",选择"900"账套,单击"修改"按钮,在各权限前单击打钩表示具有该权限,单击"保存"按钮,设置其他用户的权限同理,如图 6-6 所示。

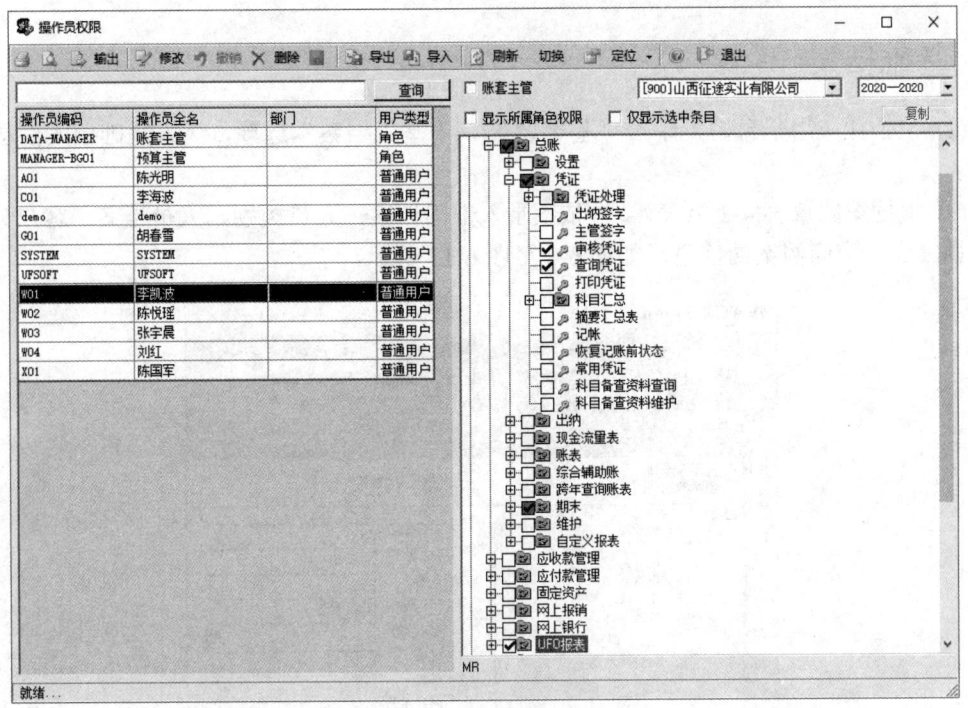

图 6-6 "操作员权限"对话框

二、系统启用

(1) 执行"开始"|"程序"|"用友"命令,打开"登录"对话框。

(2) 录入操作员"A01",账套"900 派利公司",操作日期 2020-01-01,进入"企业应用平台"窗口。

(3) 单击"基础设置"|"基本信息"|"系统启用"选项,打开"系统启用"对话框,如图 6-7 所示,根据第四章第一节"二、系统启用"的要求依次启用总账、应收、应付、采购、销售、存货、库存、固定资产和薪资系统。

图 6-7 "系统启用"对话框

三、基础档案

(1) 在企业应用平台中，单击"基础设置"|"基础档案"选项，进入基础档案信息设置界面。

(2) 根据第四章表 4-2 至表 4-7，依次录入部门档案、人员类别、人员档案、客户分类、客户档案、供应商档案的信息，如图 6-8 至图 6-13 所示。

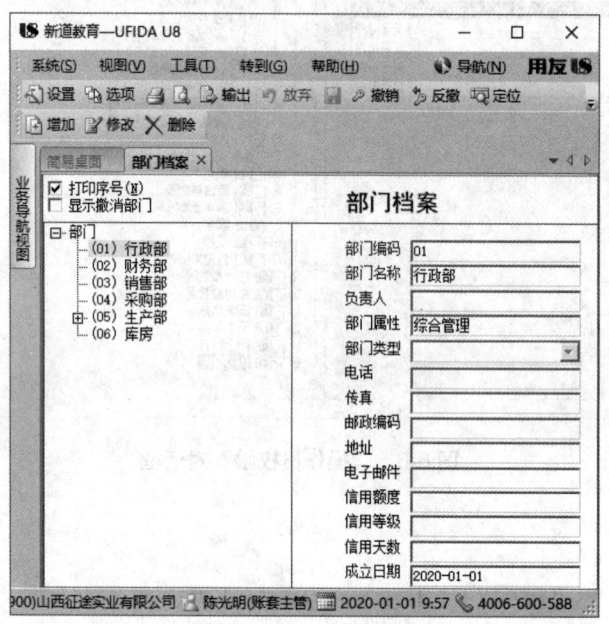

图 6-8　录入部门档案

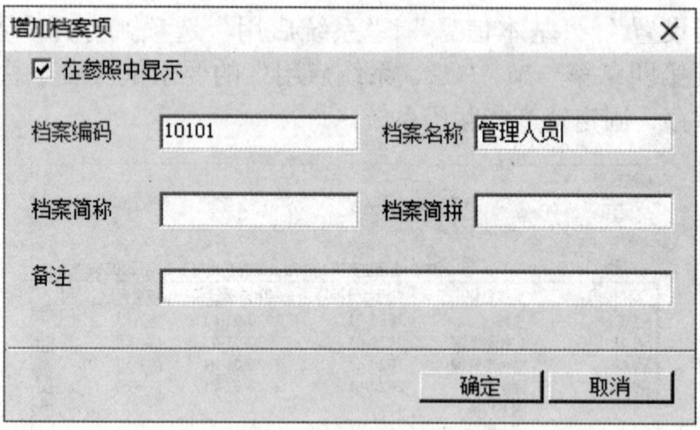

图 6-9　"增加档案项"对话框

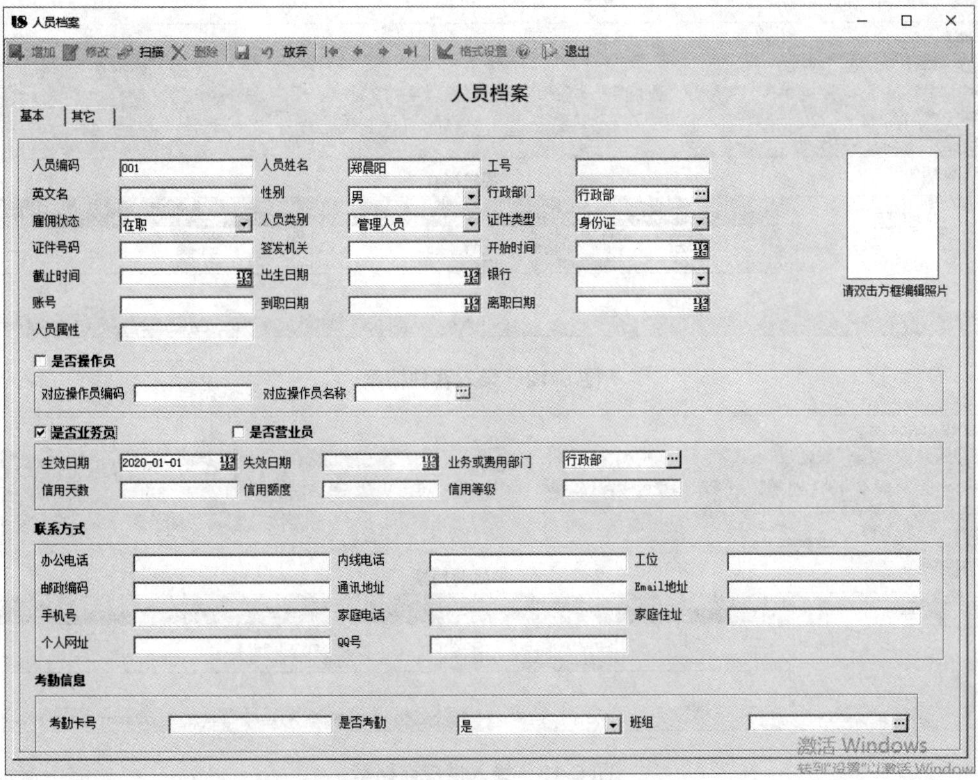

会计信息化环境下的账务处理 第六章

图 6-10 "人员档案"对话框

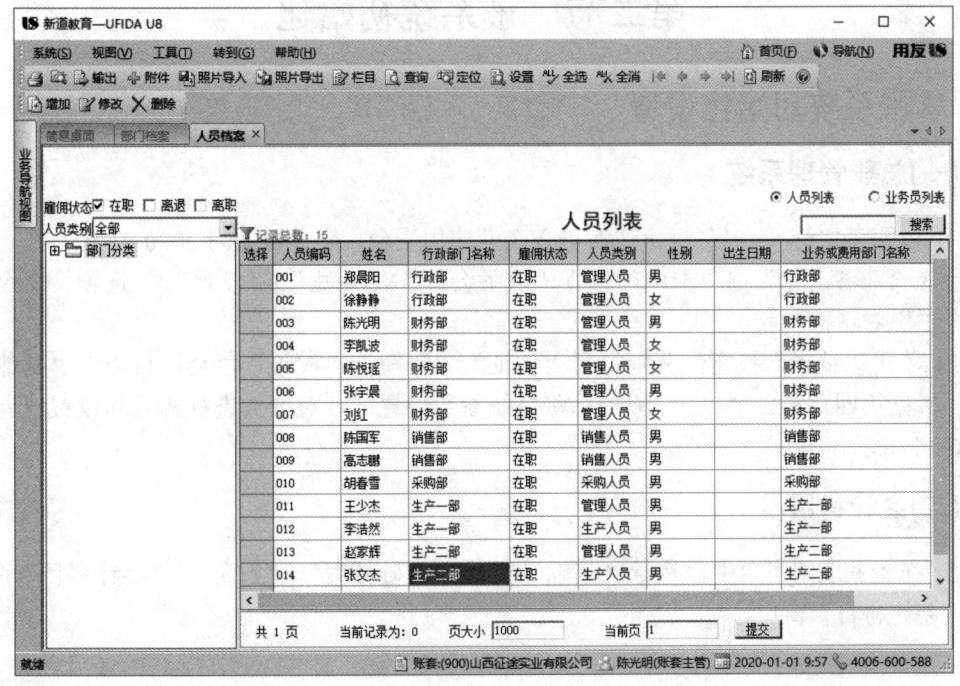

图 6-11 录入人员档案

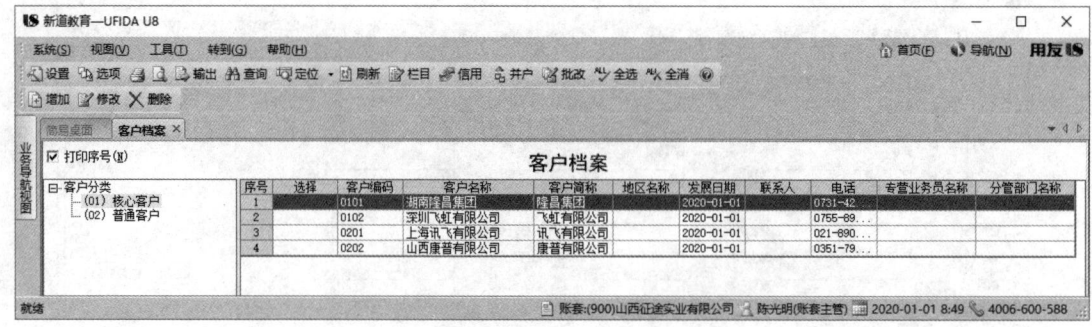

图 6-12 录入客户档案

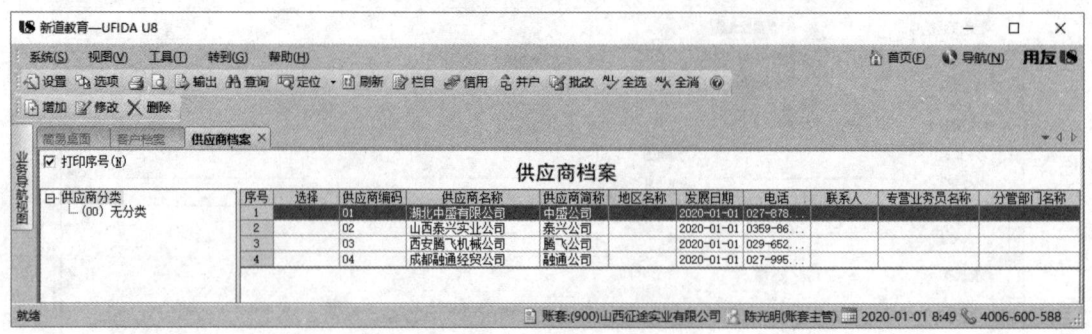

图 6-13 录入供应商档案

第二节 子系统初始化

一、总账系统初始化设置

(一)总账管理系统

(1) 以账套主管"A01"身份注册进入企业应用平台,登录日期为2020-01-01,在企业应用平台的"业务工作"选项卡中,执行"财务会计"|"总账"|"设置"|"选项"命令,打开"选项"对话框。

(2) 单击"编辑"按钮,分别打开"凭证""账簿""权限""会计日历""其他"选项卡,根据第四章第二节"一、(一)总账系统参数设置",对参数进行相应的设置或调整,如图6-14所示。

(二)会计科目

(1) 在企业应用平台中,执行"基础设置"|"基础档案"|"财务"|"会计科目"命令,进入"会计科目"窗口。

图 6-14 "选项"对话框

(2) 单击"增加"按钮,根据第四章"表 4-8 会计科目及期初余额表"录入要求增加的会计科目信息,如图 6-15 所示。

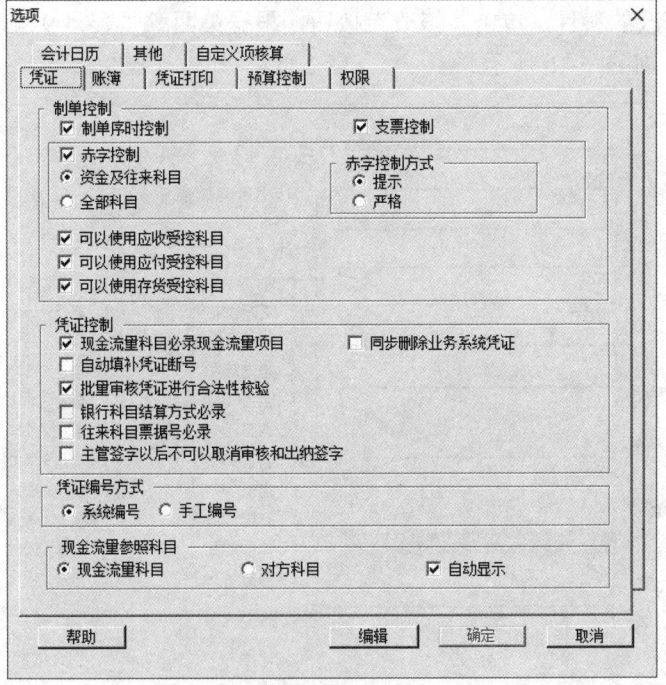

图 6-15 "新增会计科目"对话框

(3) 选中需修改的科目,单击"修改"按钮,根据第四章"表 4-9 修改会计科目"的要求修改科目信息,如图 6-16 所示。

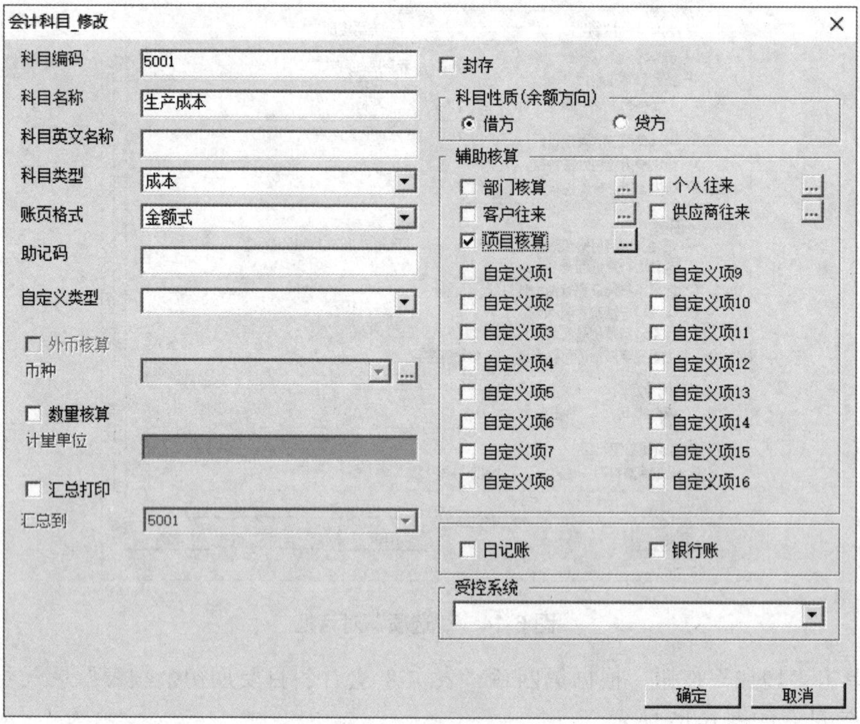

图 6-16 "会计科目_修改"对话框

(4) 执行"编辑"|"指定科目"命令,选中"1001 库存现金"为现金总账科目,"1002 银行存款"为银行总账科目,如图 6-17 所示,"1001 库存现金""100201 工商银行""100202 招商银行"为现金流量科目。

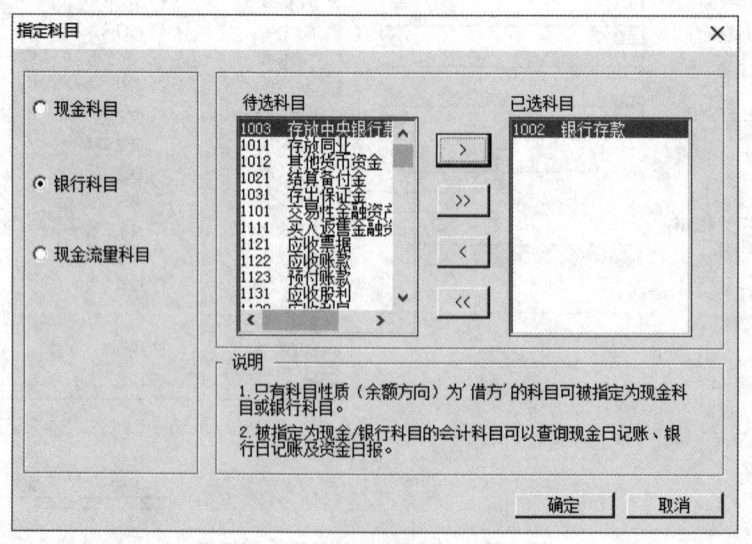

图 6-17 "指定科目"对话框

(三)凭证类别

(1) 在企业应用平台中,执行"基础设置"|"基础档案"|"财务"|"凭证类别"命令,打开"凭证类别"对话框。

(2) 根据第四章"表 4-10 凭证类别"的要求分别设置收款凭证、付款凭证和转账凭证的限制类型和限制科目,如图 6-18 所示。

图 6-18 "凭证类别"对话框

(四)结算方式

(1) 在企业应用平台中,执行"基础设置"|"基础档案"|"财务"|"收付结算"命令,进入"结算方式"窗口。

(2) 单击"增加"按钮,根据第四章"表 4-11 结算方式"的要求增加结算方式信息,如图 6-19 所示。

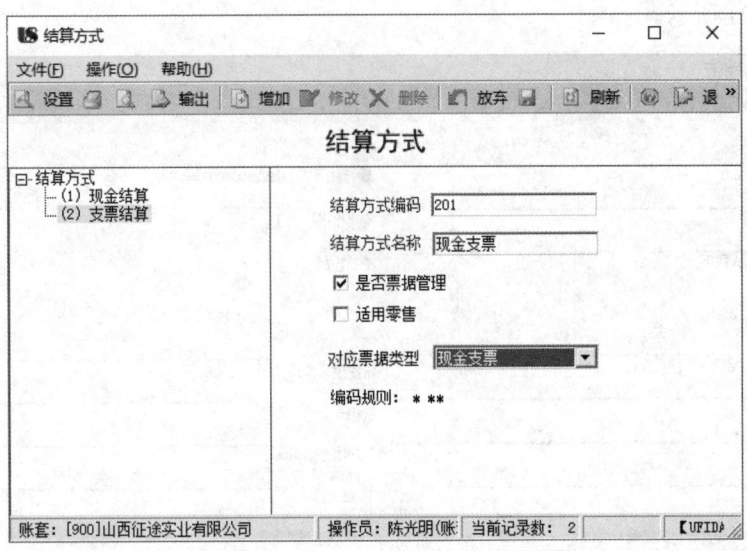

图 6-19 "结算方式"窗口

(五)付款条件设置

(1) 在企业应用平台中,执行"基础设置"|"基础档案"|"财务"|"付款条件"命令,

进入"付款条件"窗口。

(2) 单击"增加"按钮，根据第四章"表 4-12 付款条件"的要求增加付款条件信息，如图 6-20 所示。

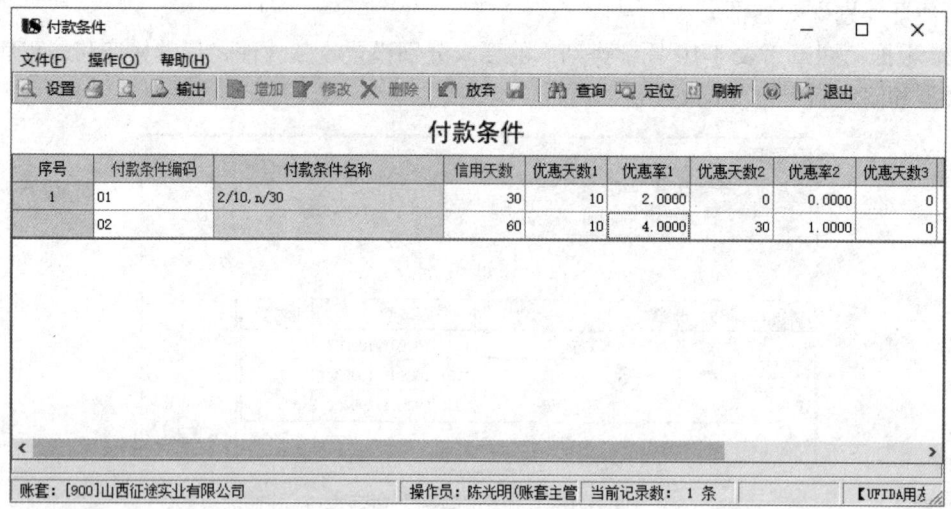

序号	付款条件编码	付款条件名称	信用天数	优惠天数1	优惠率1	优惠天数2	优惠率2	优惠天数3
1	01	2/10, n/30	30	10	2.0000	0	0.0000	0
	02		60	10	4.0000	30	1.0000	0

图 6-20 "付款条件"窗口

(六)银行档案

(1) 在企业应用平台中，执行"基础设置"|"基础档案"|"财务"|"本单位开户银行"命令，进入"本单位开户银行"窗口。

(2) 单击"增加"按钮，根据第四章"表 4-13 本单位开户银行"的信息增加本单位开户银行，如图 6-21 所示。

图 6-21 "增加本单位开户银行"窗口

(七)项目目录

(1) 在企业应用平台中,执行"基础设置"|"基础档案"|"财务"|"项目目录"命令,打开"项目档案"对话框。

(2) 根据第四章"表 4-14 项目目录"的要求完成项目目录的设置,如图 6-22、图 6-23 所示。

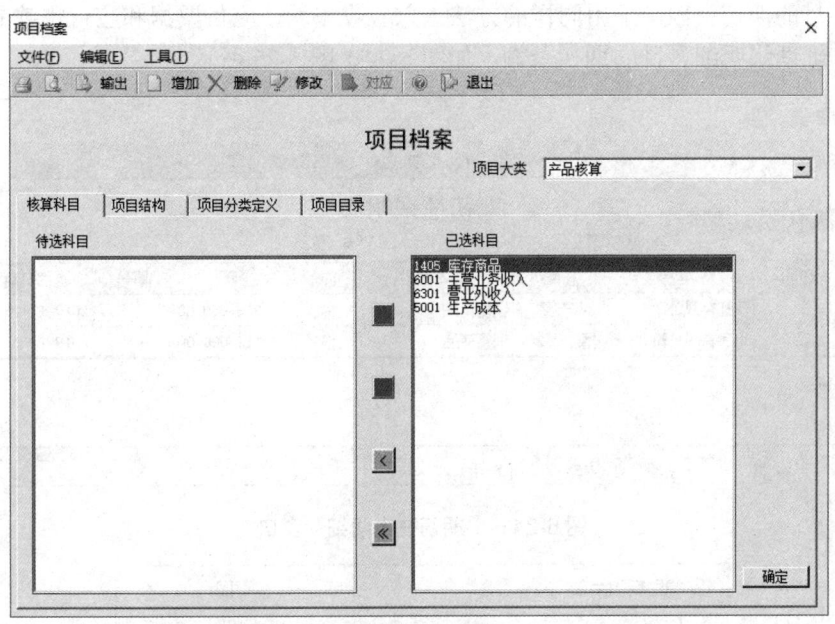

图 6-22 "项目档案"对话框——核算科目

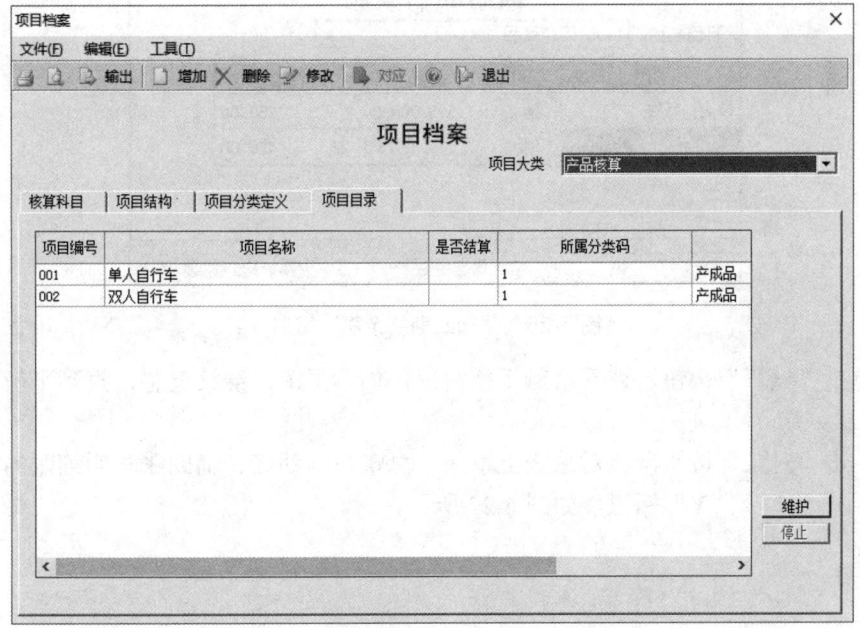

图 6-23 "项目档案"对话框——项目目录

(八)期初余额

(1) 在总账系统中执行"设置"|"期初余额"命令,进入"期初余额录入"窗口。

(2) 根据第四章"表 4-8 会计科目及期初余额表"直接录入库存现金等科目的期初余额。

(3) 双击"应收账款"科目,进入"辅助期初余额"窗口,单击"往来明细"按钮,进入"期初往来明细"窗口,根据第四章"表 4-15 应收票据期初余额"录入"应收票据"辅助账明细科目的期初余额,采用同样的方法录入应收账款、应付票据和应付账款的辅助账的期初余额和辅助账明细科目的期初余额,如图 6-24、图 6-25 所示。

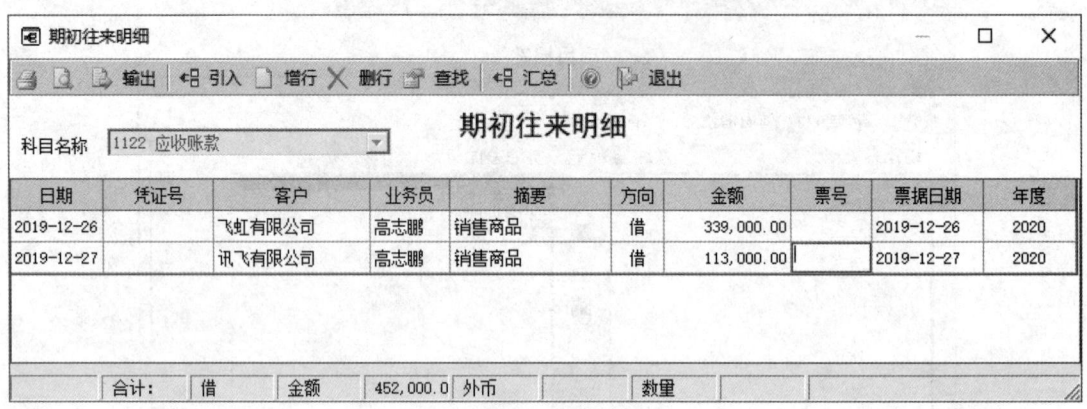

图 6-24 "期初往来明细"窗口

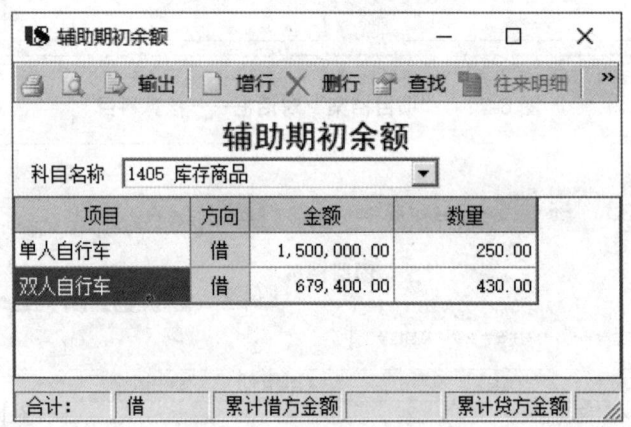

图 6-25 "辅助期初余额"窗口

(4) 单击"试算"按钮,查看余额平衡情况,如不平衡,继续调整,直到平衡为止,如图 6-26 所示。

(5) 单击"对账"按钮,核对总账上下级、总账与辅助账、辅助账与明细账的期初余额是否一致,一致打上"Y"标记,如图 6-27 所示。

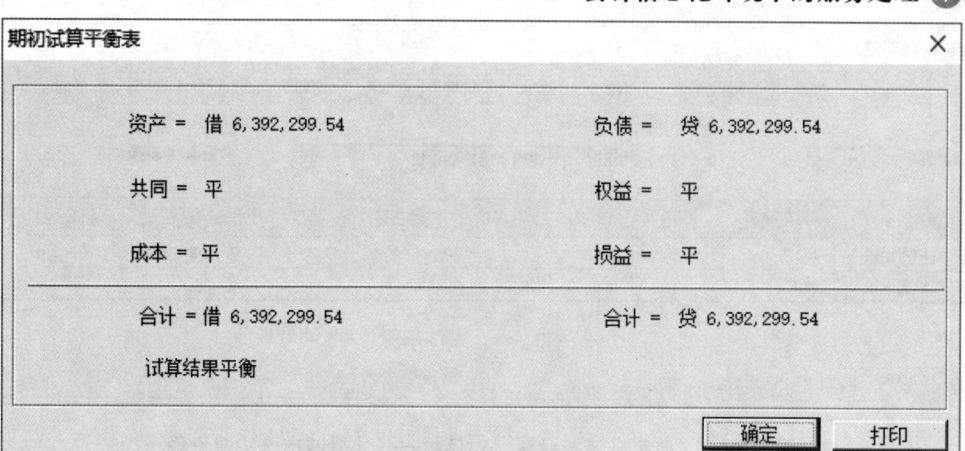

图 6-26 "期初试算平衡表"对话框

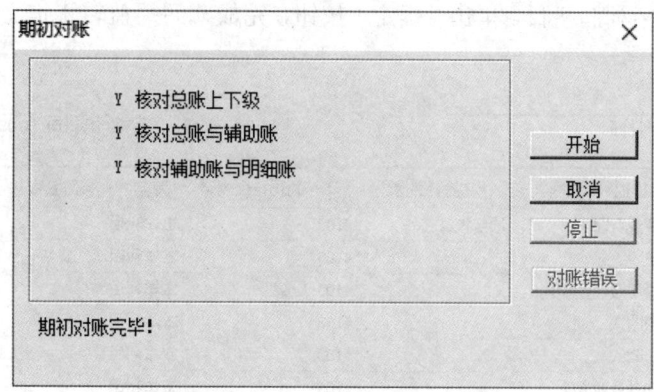

图 6-27 "期初对账"对话框

(九)自动转账

(1) 执行"期末"|"转账定义"|"自定义转账"命令，进入"自定义转账设置"对话框，单击"增加"按钮，打开"转账目录"对话框，输入转账序号、转账说明和凭证类别，如图 6-28、图 6-29 所示。

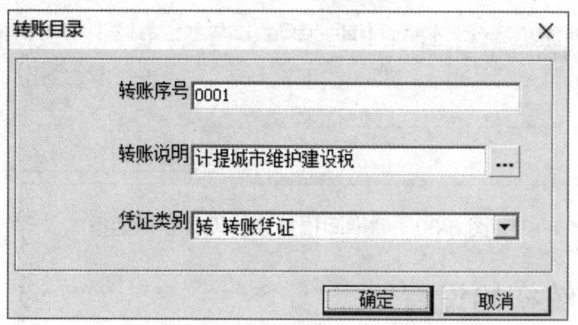

图 6-28 "转账目录"对话框

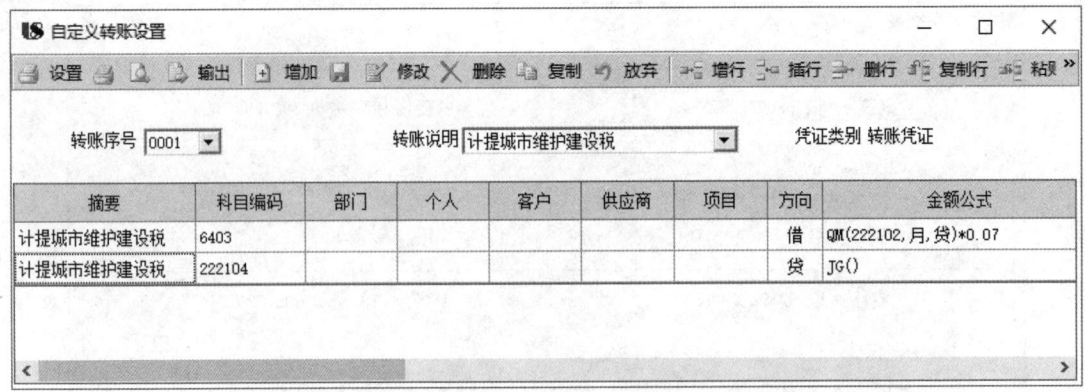

图 6-29 "自定义转账设置"对话框——计提城市维护建设税

(2) 执行"期末"|"转账定义"|"期间损益"命令，打开"期间损益结转设置"对话框，选择凭证类别和本年利润科目，单击"确定"按钮，完成期间损益转账定义，如图 6-30 所示。

图 6-30 "期间损益结转设置"对话框

二、薪资管理系统初始设置

(一)工资账套参数

(1) 在企业应用平台中，选择"业务工作"选项卡，执行"人力资源"|"薪资管理"命

令，打开"建立工资套"窗口，根据第四章第二节"二、(一)账套参数"设置工资账套参数。

(2) 工资账套建立完成后，系统提示"未建立工资类别！"，确定后打开"打开工资类别"对话框，单击"取消"按钮。

(二)工资项目

(1) 执行"设置"|"工资项目设置"命令，打开"工资项目设置"对话框。

(2) 在已有工资项目基础上，单击"增加"按钮，根据第四章"表 4-19 工资项目"的要求增加工资项目，从"名称参照"下拉列表框中选择已给出的工资项目，否则增加需要的工资项目即可，如图 6-31 所示。

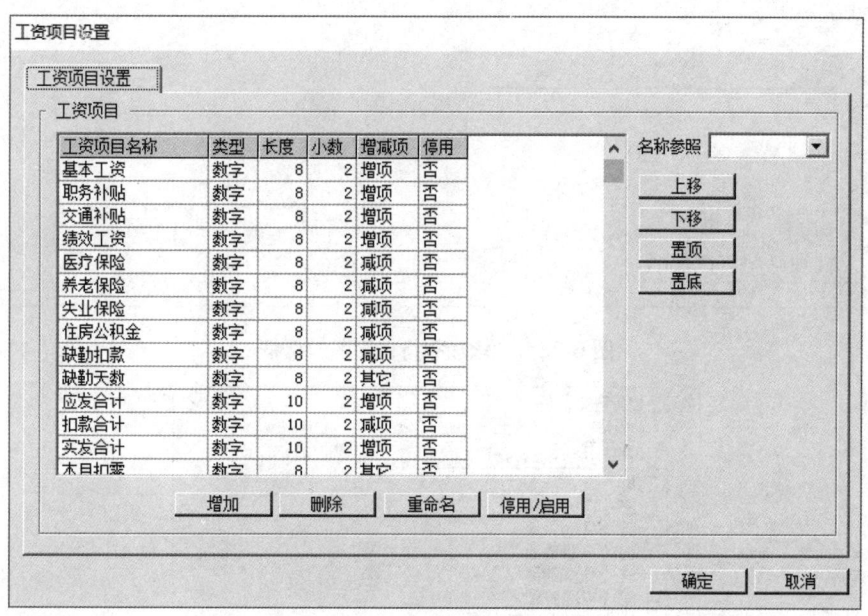

图 6-31 "工资项目设置"对话框

(三)银行名称

(1) 在企业应用平台的"基础设置"选项卡中，选择"基础档案"|"收付结算"|"银行档案"命令，打开"添加银行档案"对话框。

(2) 根据第四章第二节"二、(三)银行名称"设置银行名称等有关内容，如图 6-32 所示。

(四)工资类别

(1) 在薪资管理系统中，执行"工资类别"|"新建工资类别"命令，打开"新建工资类别"对话框。

(2) 录入工资类别名称，选中"选定全部部门"复选框；如图 6-33 所示，确定工资类别的启用日期为 2020-01-01。

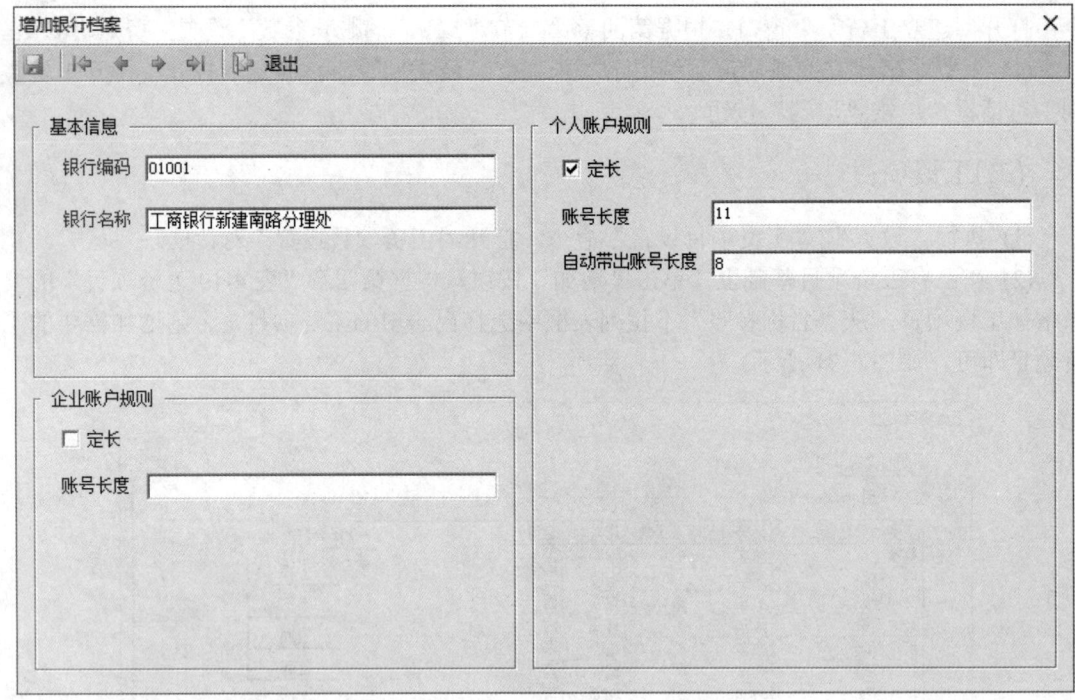

图 6-32 "增加银行档案"对话框

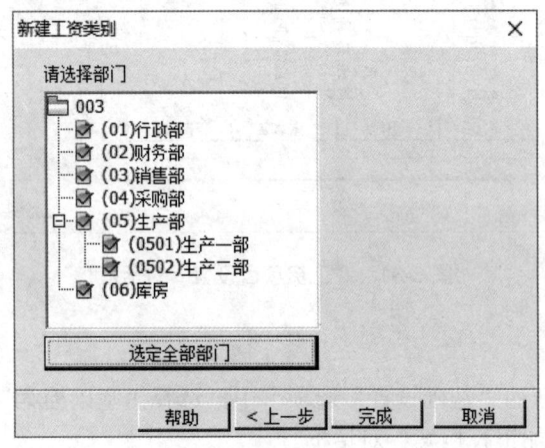

图 6-33 "新建工资类别"对话框

(五)在职人员档案及工资项目

(1) 执行"工资类别"|"打开工资类别"命令,打开"打开工资类别"对话框,选中"在职人员",单击"确定"按钮。

(2) 执行"设置"|"人员档案"命令,进入"人员档案"窗口,单击"批增""查询"按钮,打开"人员批量增加"对话框,如图 6-34 所示。选择"管理人员""行政人员""采购人员""营销人员"和"生产人员",根据第四章"表 4-20 在职人员档案",修改人员档案,补充录入银行账号信息。

图 6-34 "人员批量增加"对话框

(3) 执行"设置"|"工资项目设置"命令,打开"工资项目设置"对话框,单击"增加"按钮,根据第四章"表 4-19 工资项目",从"名称参照"的下拉列表框中选择工资项目,如图 6-35 所示;根据第四章"表 4-19 工资项目"依次录入各工资项目的计算公式,如图 6-36 所示。

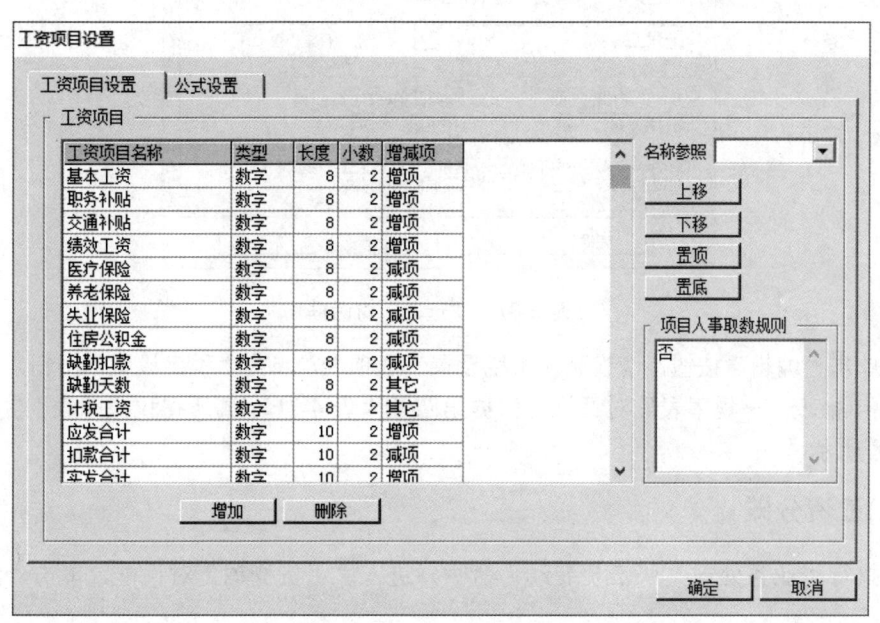

图 6-35 "工资项目设置"对话框——工资项目设置

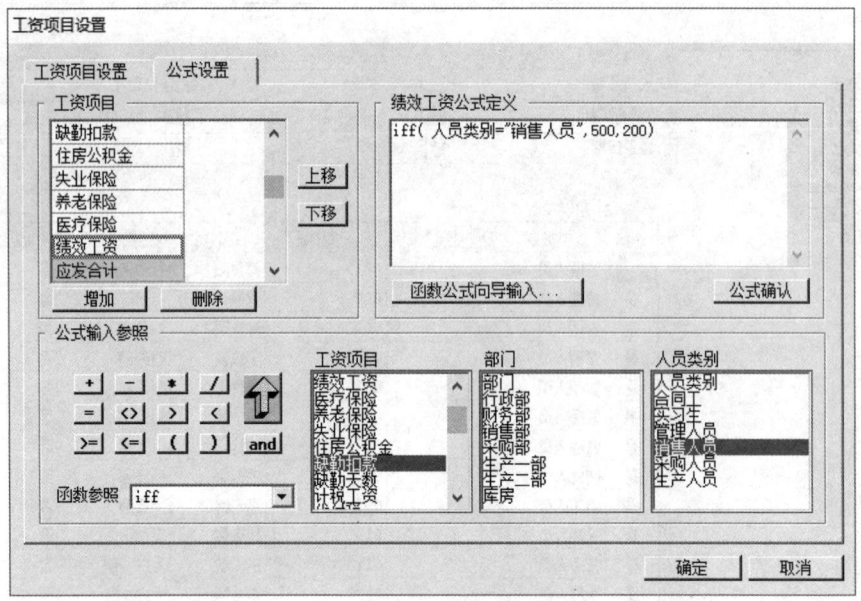

图 6-36 "工资项目设置"对话框——公式设置

(六)个人所得扣除基数

(1) 执行"设置"|"选项"命令,打开"选项"对话框,如图 6-37 所示。

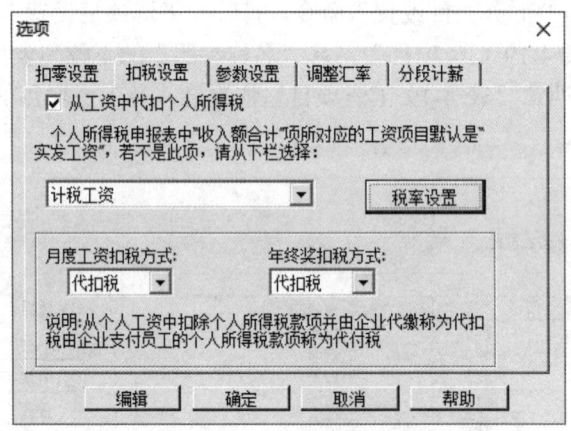

图 6-37 "选项"对话框

(2) 单击"编辑"按钮,切换到"扣税设置"选项卡,单击"税率设置"按钮,进入"个人所得税申报表——税率表"对话框,依据第四章"表 4-21 个人所得税税率表"完成设置,如图 6-38 所示。

(七)工资分摊

(1) 执行"业务处理"|"工资变动"命令,进入"工资变动"对话框,单击"汇总"按钮。

(2) 执行"工资类别"|"打开工资类别"命令,打开"在职人员"工资类别。

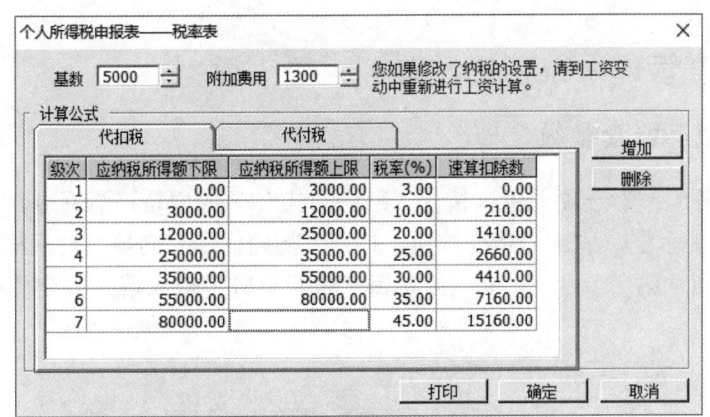

图 6-38 "个人所得税申报表——税率表"对话框

(3) 执行"业务处理"|"工资分摊"命令,打开"工资分摊"对话框,单击"工资分摊设置"按钮,打开"分摊类型设置"对话框,单击"增加"按钮,打开"分摊计提比例设置"对话框,录入计提类型名称"应付工资",分摊计提比例 100%,单击"下一步"按钮,进入"分摊构成设置"对话框,如图 6-39、图 6-40 所示。同理完成"工会经费(比例 2%)"和"职工教育经费(比例 2.5%)"两种分摊计提项目。

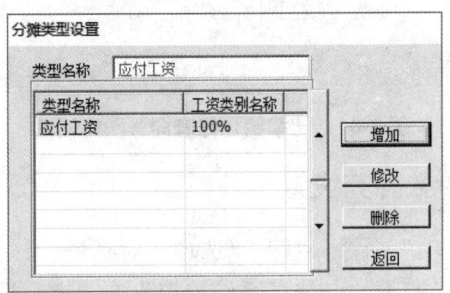

图 6-39 "分摊类型设置"对话框

部门名称	人员类别	工资项目	借方科目	借方项目大类	借方项目	贷方科目	贷方项目大类
行政部,财务部,	管理人员	应发合计	660204			221101	
采购部	采购人员	应发合计	660204			221101	
销售部	销售人员	应发合计	660102			221101	
生产一部,生产	管理人员	应发合计	660204			221101	
生产一部	生产人员	应发合计	5001	产品核算	单人自行车	221101	
生产二部	生产人员	应发合计	5001	产品核算	双人自行车	221101	

图 6-40 "分摊构成设置"对话框

【注意】生产部的生产人员在进行分摊设置时应先修改人员类别,再选择生产部门。

三、固定资产管理系统初始设置

(一)固定资产账套参数

(1) 在"业务工作"选项卡中,执行"财务会计"|"固定资产"命令,系统弹出"是否进行初始化?"提示框,单击"是"按钮,打开"初始化账套向导"对话框。

(2) 根据第四章第二节"三、(一)固定资产账套参数"依次确定固定资产账套参数,如图 6-41 所示。

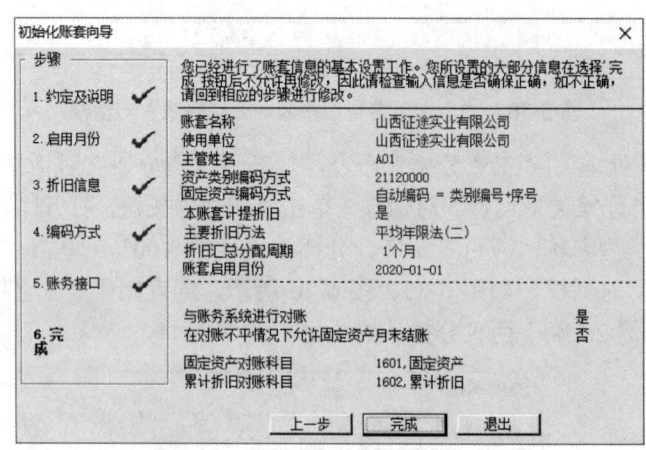

图 6-41 "初始化账套向导"对话框

(二)固定资产账套参数补充设置

(1) 执行"设置"|"选项"命令,打开"选项"对话框。

(2) 单击"编辑"按钮,打开"与账务系统接口"选项卡,根据第四章第二节"三、(二)固定资产账套参数补充设置"依次完成设置,如图 6-42 所示。

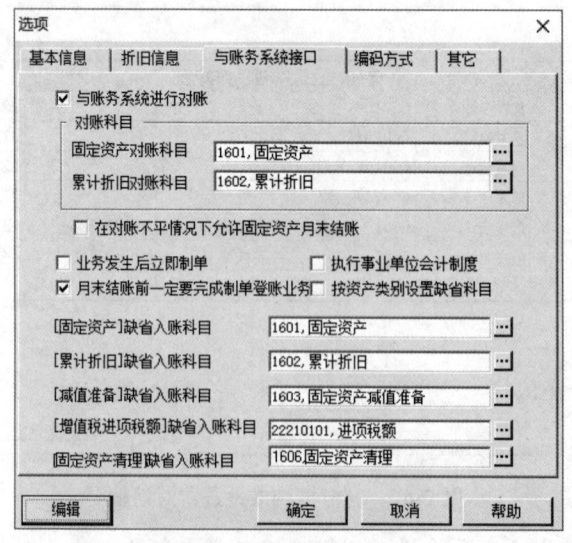

图 6-42 "选项"对话框

(三)其他基础信息

根据第四章表 4-23 至表 4-25 依次进行固定资产其他基础信息的设置，如图 6-43 至图 6-45 所示。

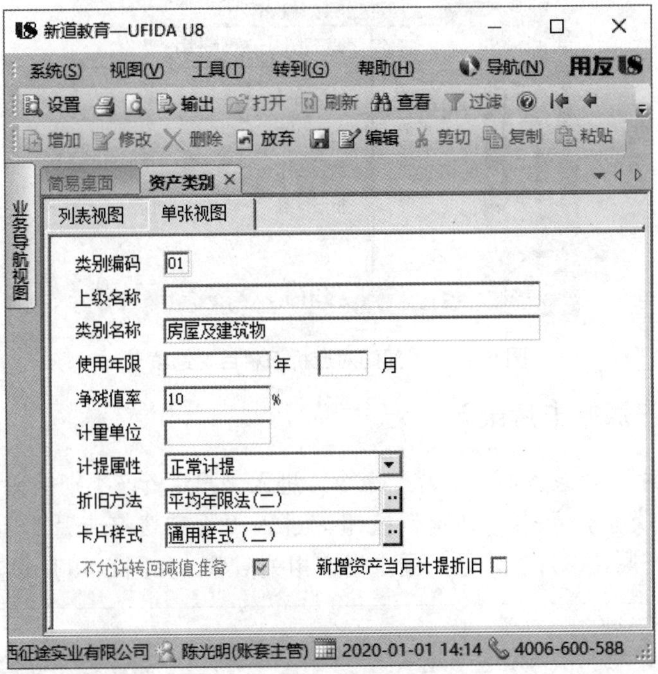

图 6-43 "资产类别"选项卡

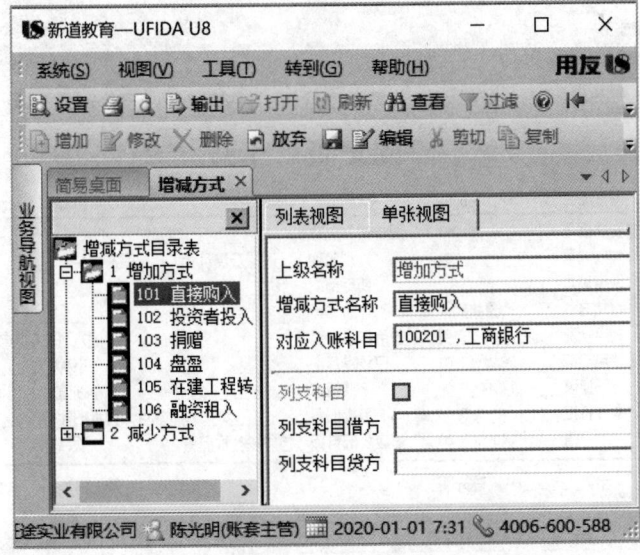

图 6-44 "增减方式"选项卡

图 6-45 "部门对应折旧科目"选项卡

(四)固定资产原始卡片录入

(1) 执行"卡片"|"录入原始卡片"命令,进入"固定资产类别档案"选项卡。

(2) 选择资产类别,单击"确定"按钮,进入"固定资产卡片"界面,根据第四章"表 4-26 固定资产原始卡片",录入固定资产相关信息,如图 6-46 所示。

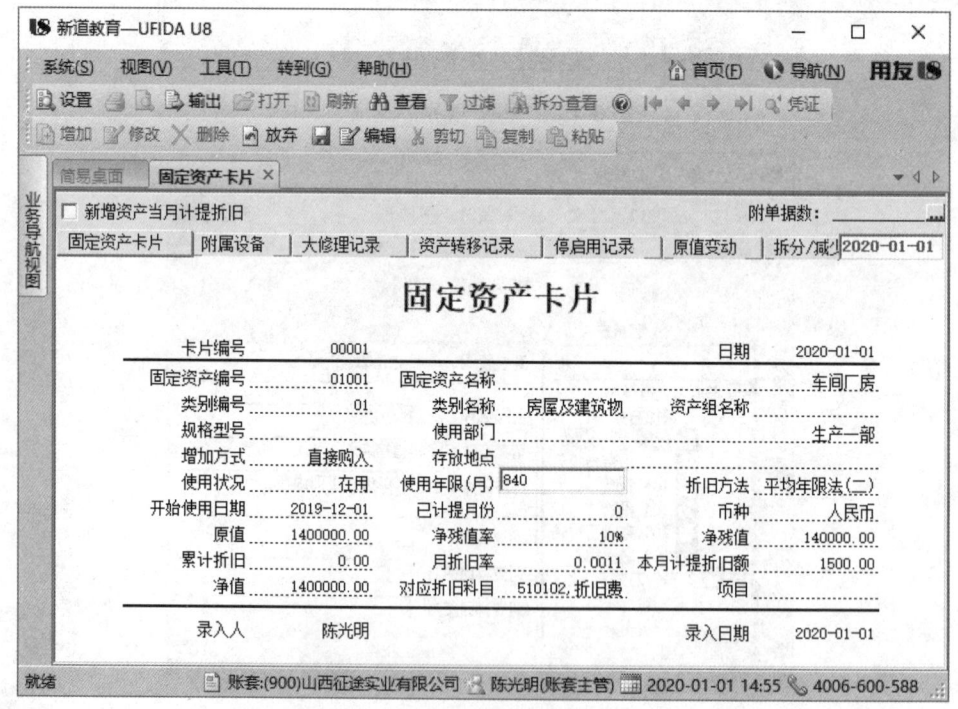

图 6-46 "固定资产卡片"界面

(3) 执行"卡片"|"卡片管理"命令,在"卡片管理"界面,进行卡片的复制、修改和删除操作,如图 6-47、图 6-48 所示。固定资产卡片录入完成后进行对账,查看是否平衡。

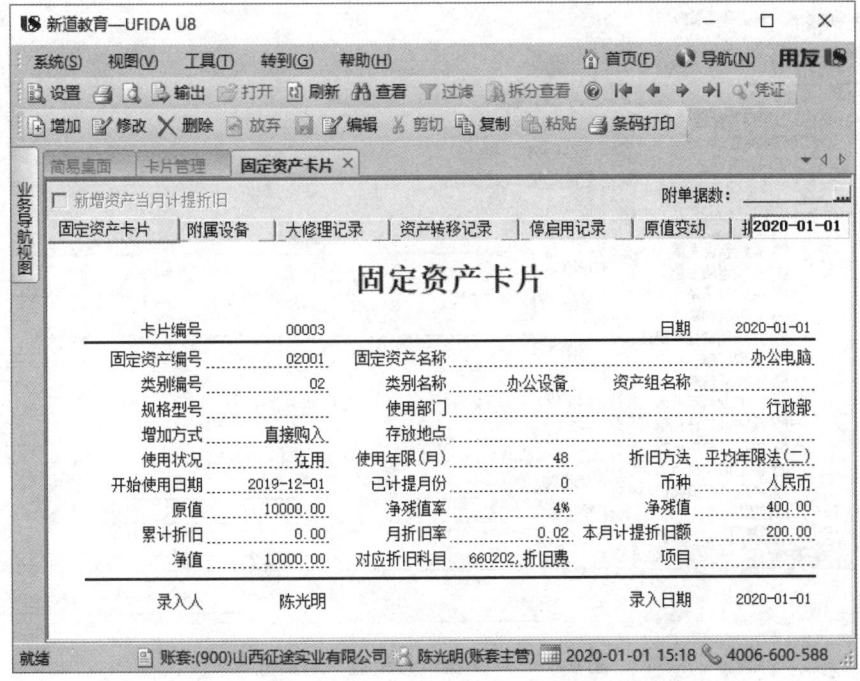

图 6-47 "固定资产卡片"界面

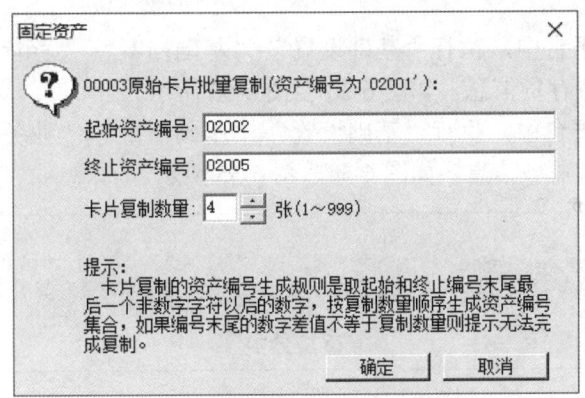

图 6-48 固定资产卡片复制提示对话框

四、供应链管理系统初始设置

(一)各子系统参数

(1) 执行"供应链"|"采购管理"|"设置"|"采购选项"命令,进入"采购选项设置"窗口,根据第四章第二节"四、(一)供应链各系统参数"设置"采购管理系统"参数,同理完成"销售管理系统""库存管理系统""存货核算系统"相关参数设置。

(2) 在企业应用平台,执行"基础设置"|"单据设置"|"单据编号设置"命令,打开"单据编号设置"对话框,选择"单据类型"|"采购管理"|"采购专用发票"命令,单击"修改"按钮,选中"完全手工编号"复选框,设置发票的发票号为"完全手工编号",如图 6-49 所示。销售订单编号设置同理。

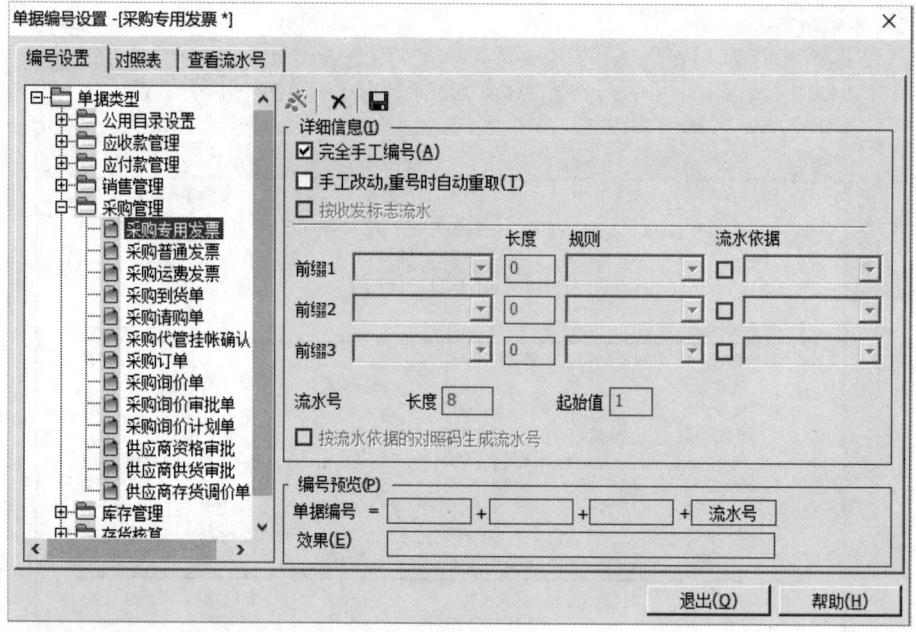

图 6-49 "单据编号设置"对话框

(二)基础档案

(1) 在企业应用平台中,执行"基础设置"|"基础档案"|"存货"命令,根据第四章表 4-27 至表 4-30 设置存货信息,如图 6-50 至图 6-53 所示。

(2) 在企业应用平台中,执行"基础设置"|"基础档案"|"业务"命令,根据第四章表 4-31 至表 4-36 设置业务信息,如图 6-54、图 6-55 所示。

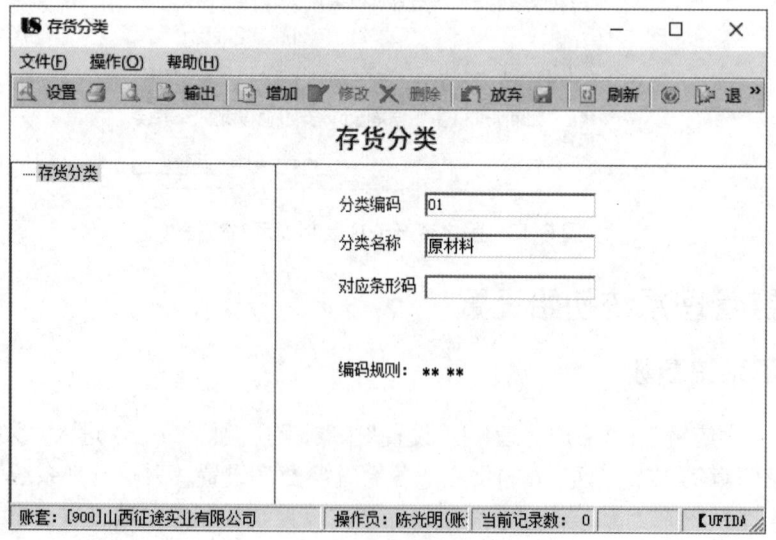

图 6-50 "存货分类"对话框

图 6-51 "计量单位组"对话框

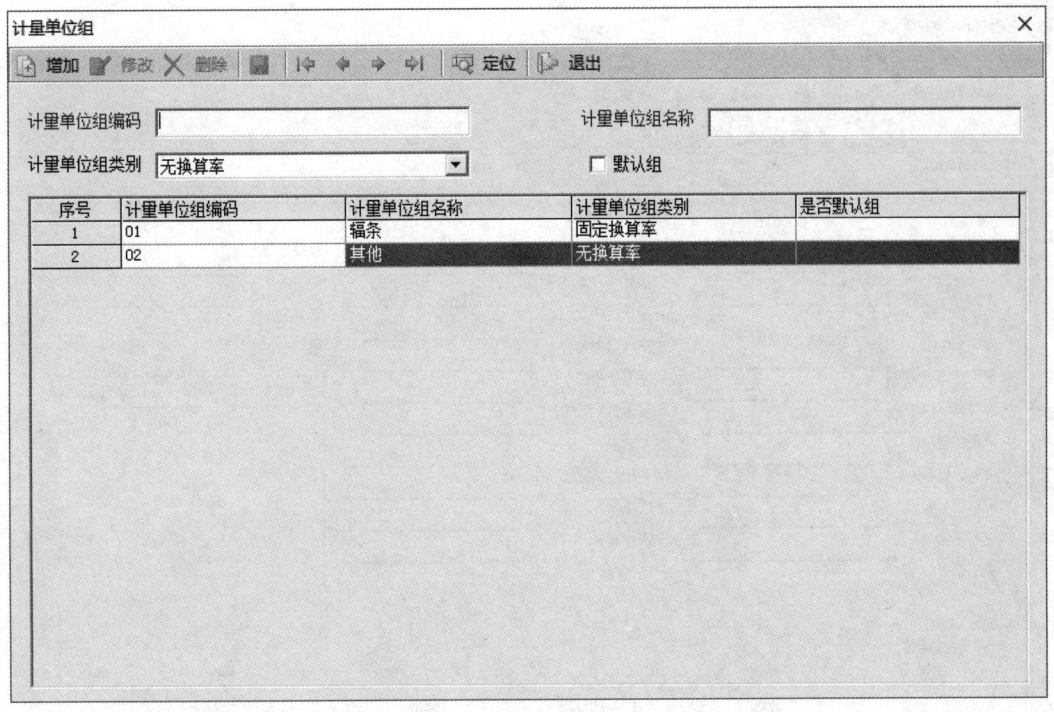

图 6-52 "计量单位"对话框

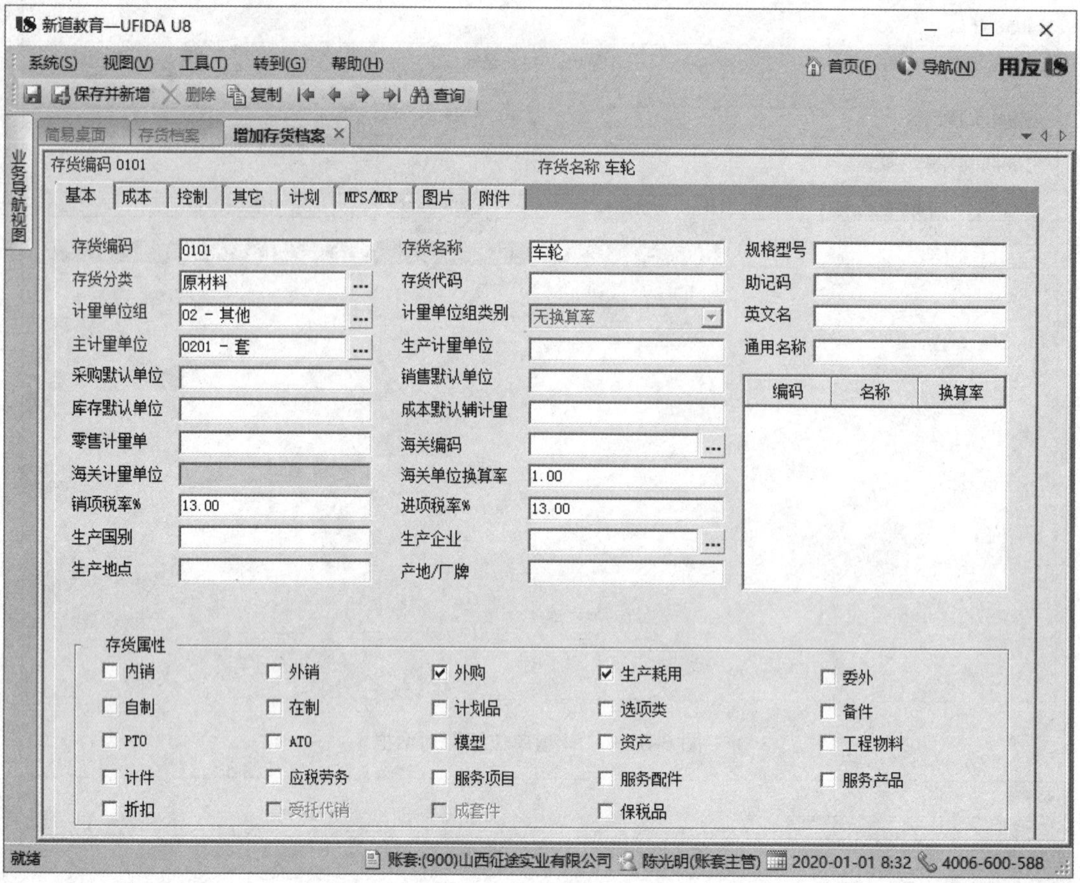

图 6-53 "增加存货档案"选项卡

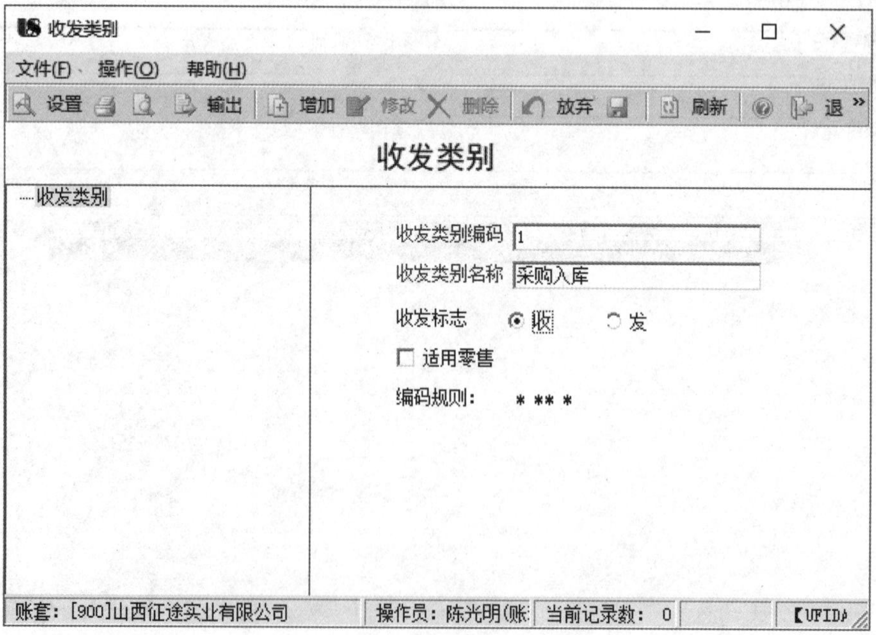

图 6-54 "收发类别"对话框

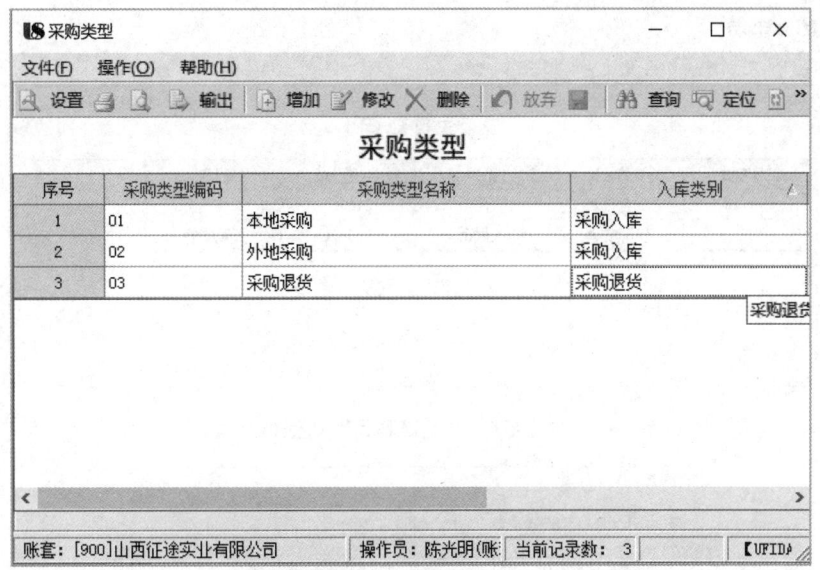

图 6-55 "采购类型"窗口

(三)业务科目设置

(1) 在"存货核算"系统,执行"初始设置"|"科目设置"|"存货科目"命令,进入"存货科目"窗口,单击"增加"按钮,根据第四章"表 4-37 存货科目"设置存货科目。设置存货对方科目、结算科目同理,如图 6-56、图 6-57 所示。

仓库编码	仓库名称	存货分类编码	存货分类…	存货编码	存货名称	存货科目编码	存货科目名称
01	原材料库			0101	车轮	140301	车轮
01	原材料库			0102	车圈	140302	车圈
01	原材料库			0103	轮胎	140303	轮胎
01	原材料库			0104	车座	140304	车座
01	原材料库			0105	车架	140305	车架
01	原材料库			0106	长车架	140306	长车架
01	原材料库			0107	辐条	140307	辐条
02	成品一库			0201	单人自行车	1405	库存商品
03	成品二库			0202	双人自行车	1405	库存商品

图 6-56 "存货科目"窗口

(2) 在"应收款管理"系统,执行"设置"|"选项"命令,打开"账套参数设置"对话框,单击"编辑"按钮,设置坏账处理方式(重新登录后生效),如图 6-58 所示。

(3) 执行"设置"|"初始设置"命令,进入"初始设置"选项卡,根据第四章"表 4-40 基本科目"设置基本科目。同时设置坏账准备和结算方式科目,如图 6-59 至图 6-61 所示。

图 6-57 "结算科目"对话框

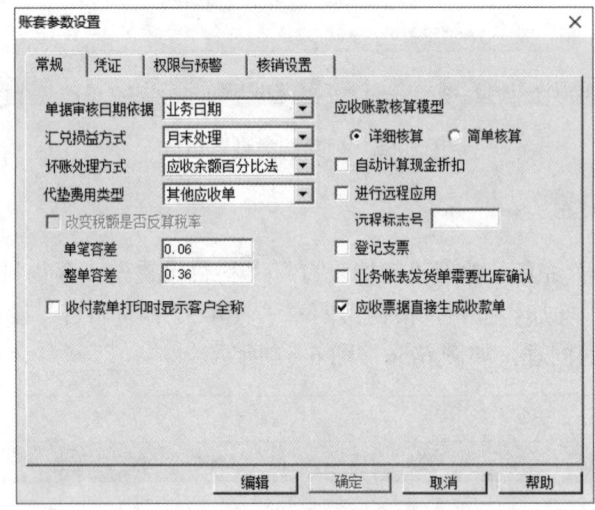

图 6-58 "账套参数设置"对话框

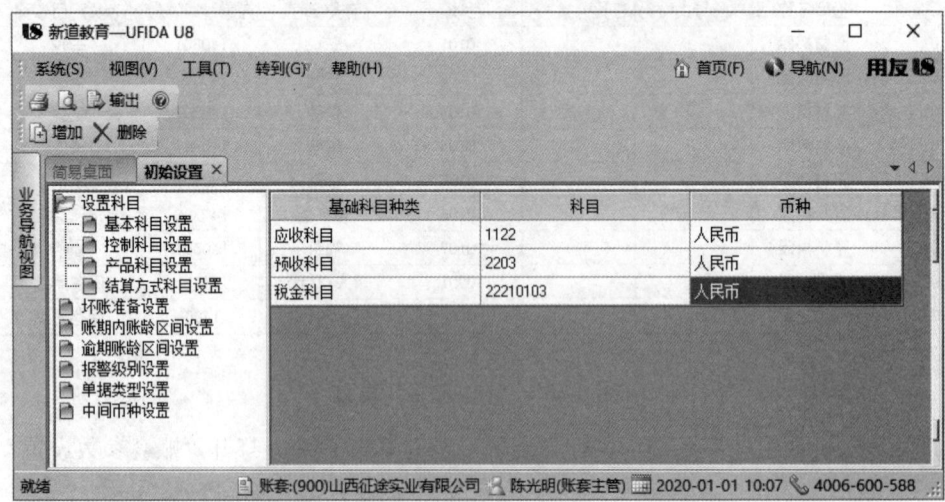

图 6-59 "初始设置"选项卡——基本科目设置

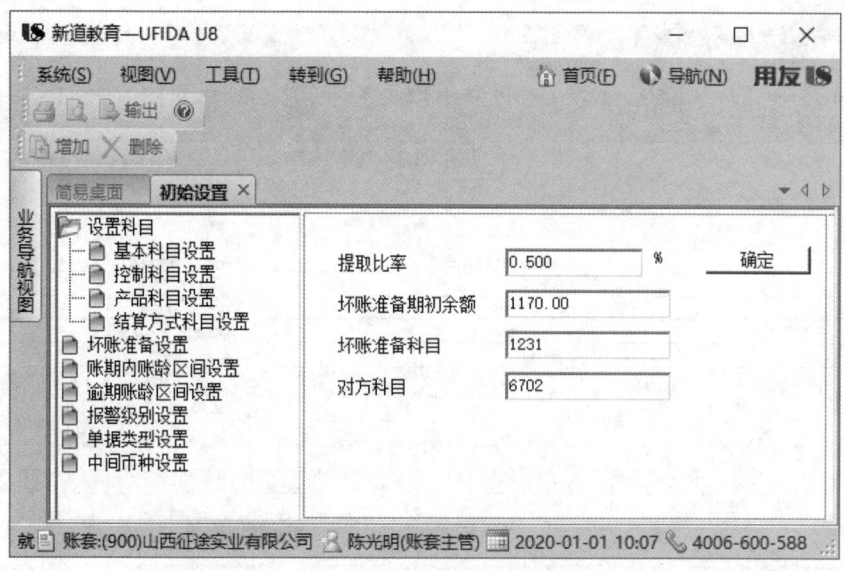

图 6-60 "初始设置"选项卡——坏账准备设置

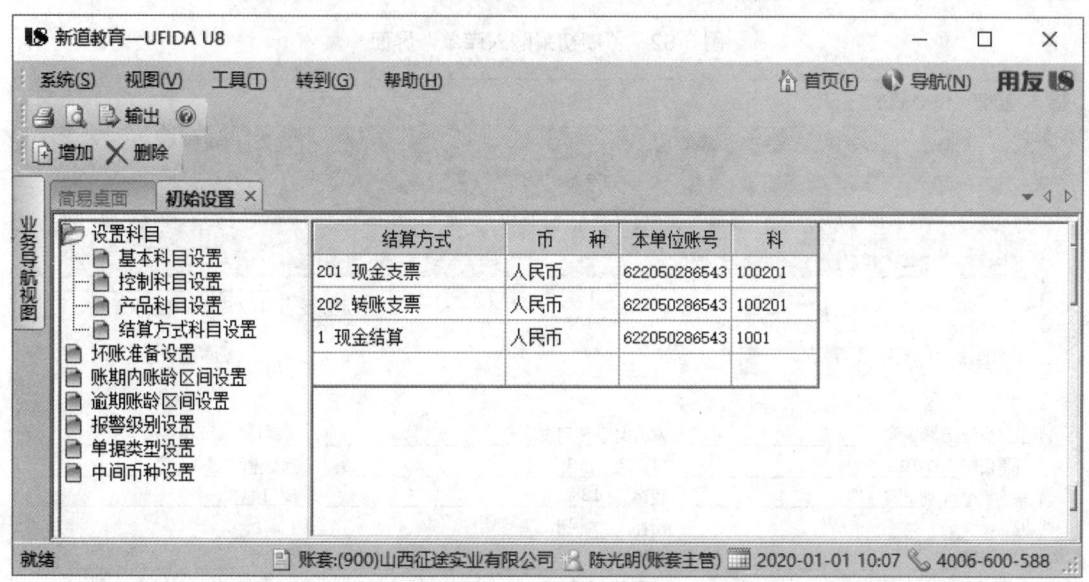

图 6-61 "初始设置"选项卡——结算方式科目设置

(4) 在"应付款管理"系统,执行"设置"|"初始设置"命令,进入"初始设置"选项卡,根据第四章"表 4-43 基本科目和表 4-44 结算科目"设置基本科目和结算方式科目。

(四)期初数据

(1) 在"采购管理"系统,执行"采购入库"|"采购入库单"命令,进入"期初采购入库单"界面,单击"增加"按钮,根据第四章第二节"四、(四)期初数据"录入期初采购入库单和期初采购专用发票,并进行期初记账,如图 6-62 至图 6-65 所示。

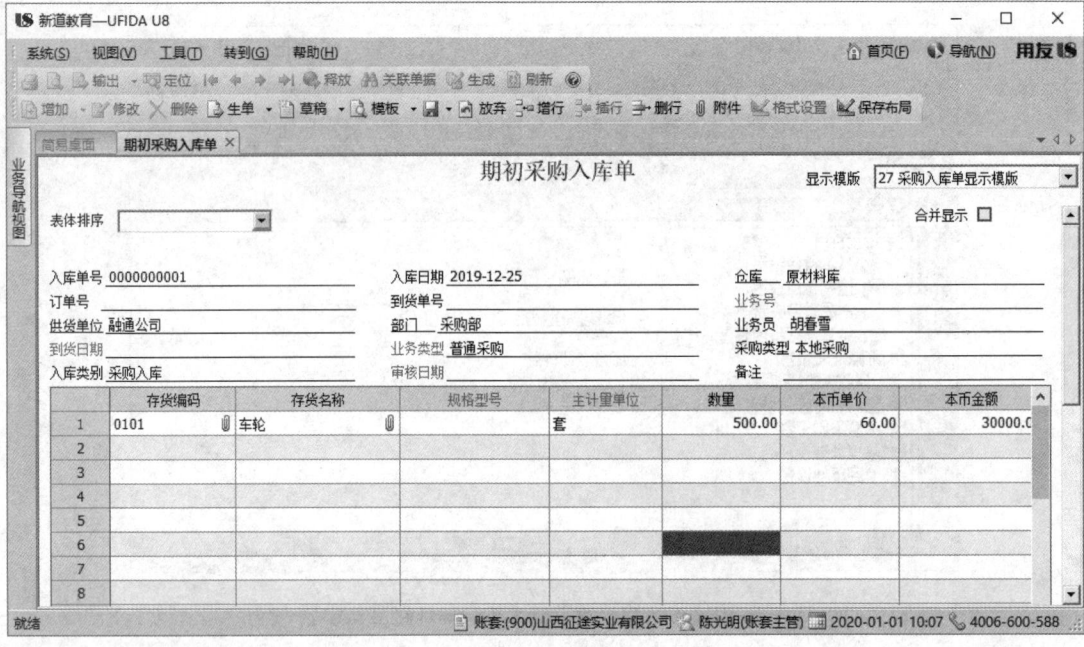

图 6-62 "期初采购入库单"界面

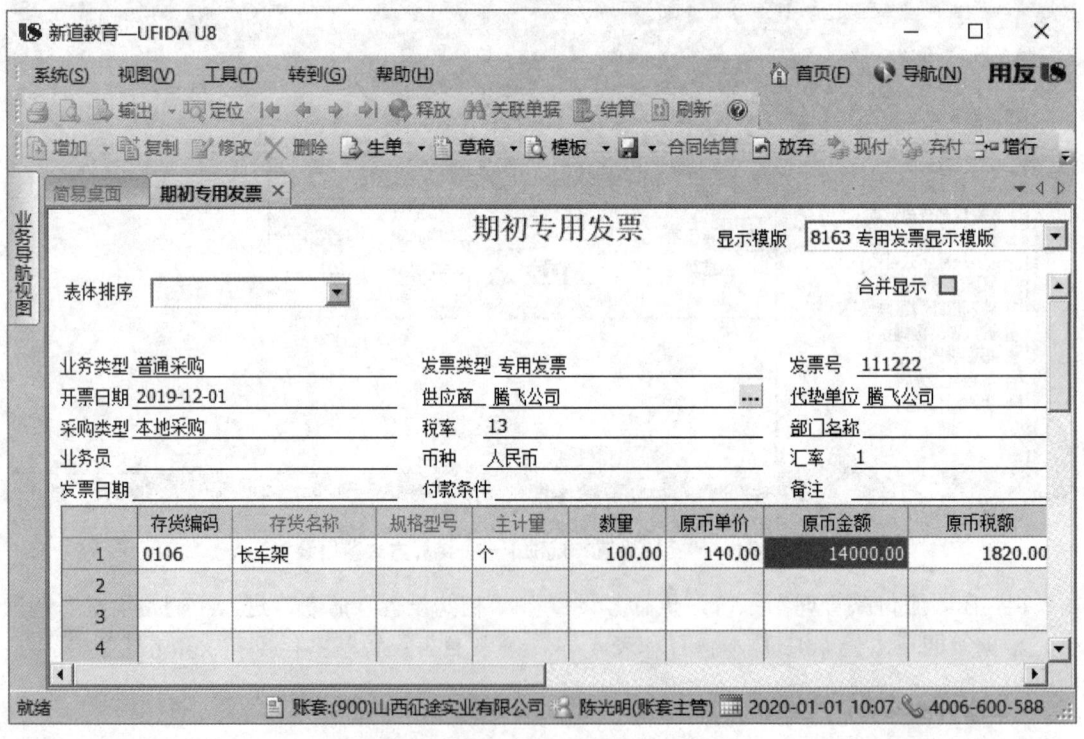

图 6-63 "期初专用发票"界面——长车架

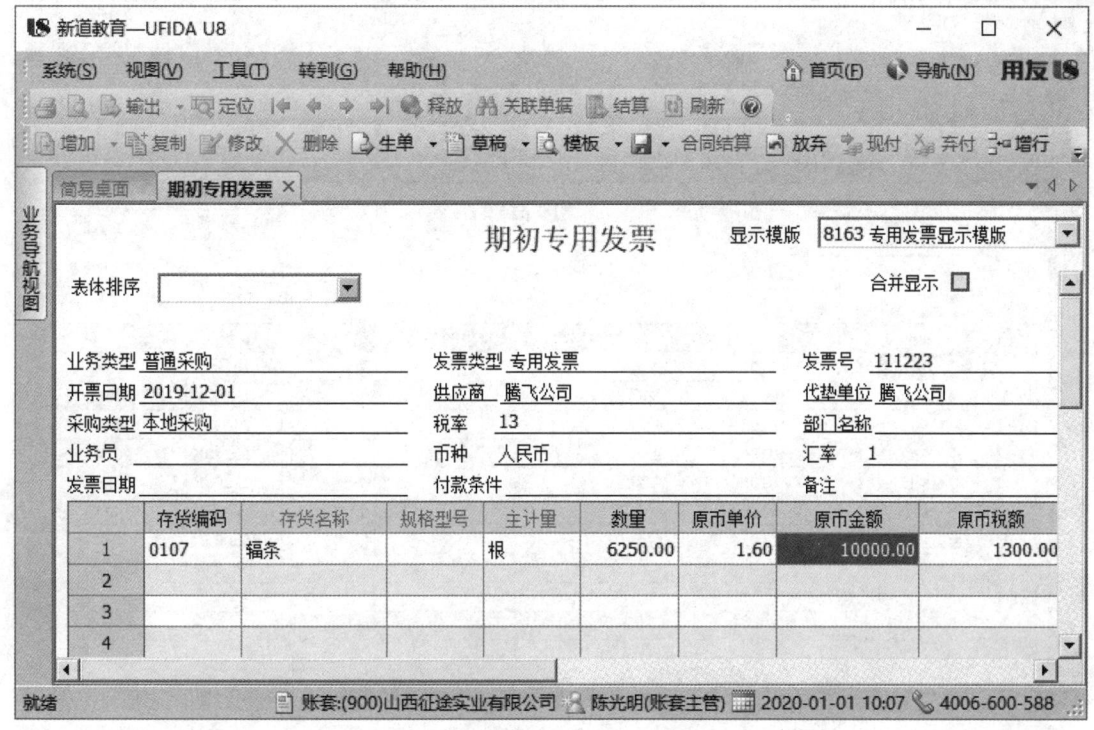

图 6-64 "期初专用发票"界面——辐条

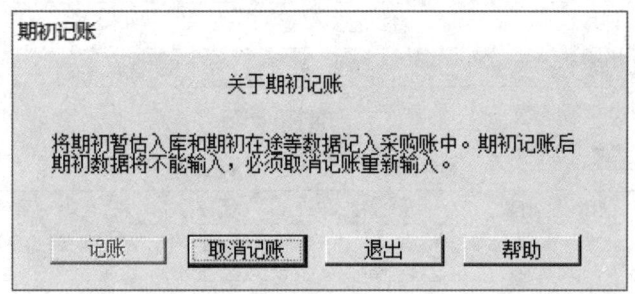

图 6-65 "期初记账"对话框

(2) 在"库存管理"系统,执行"初始设置"|"期初结存"命令,进入"库存期初"界面,根据第四章"表 4-44 各仓库期初数据",录入库存期初数据并单击"批审"按钮,确认各仓库录入的存货信息,如图 6-66 所示。

(3) 在"存货核算"系统,执行"初始设置"|"期初数据"|"期初余额"命令,进入"期初余额"界面,根据第四章"表 4-44 各仓库期初数据",选择仓库后,单击"取数"按钮,系统自动从库存管理系统取出该仓库的全部存货信息,如图 6-67 所示。

(4) 单击"对账"按钮,选择所有仓库,系统自动将存货核算系统与库存管理系统的存货数据进行核对,对账成功后单击"记账"按钮,完成期初记账工作。

图 6-66 "库存期初"界面

图 6-67 "期初余额"界面

（5）在"应收款管理"系统，执行"设置"|"期初余额"命令，选择单据类别，进入"期初票据"界面，根据第四章表 4-15 和表 4-16，录入应收票据和应收账款期初数据，如图 6-68 至图 6-70 所示。

（6）在"应付款管理"系统，执行"设置"|"期初余额"命令，选择单据类别，进入"期初票据"界面，根据第四章表 4-17 和表 4-18，录入应付票据和应付账款期初数据，如图 6-71、图 6-72 所示。

会计信息化环境下的账务处理 第六章

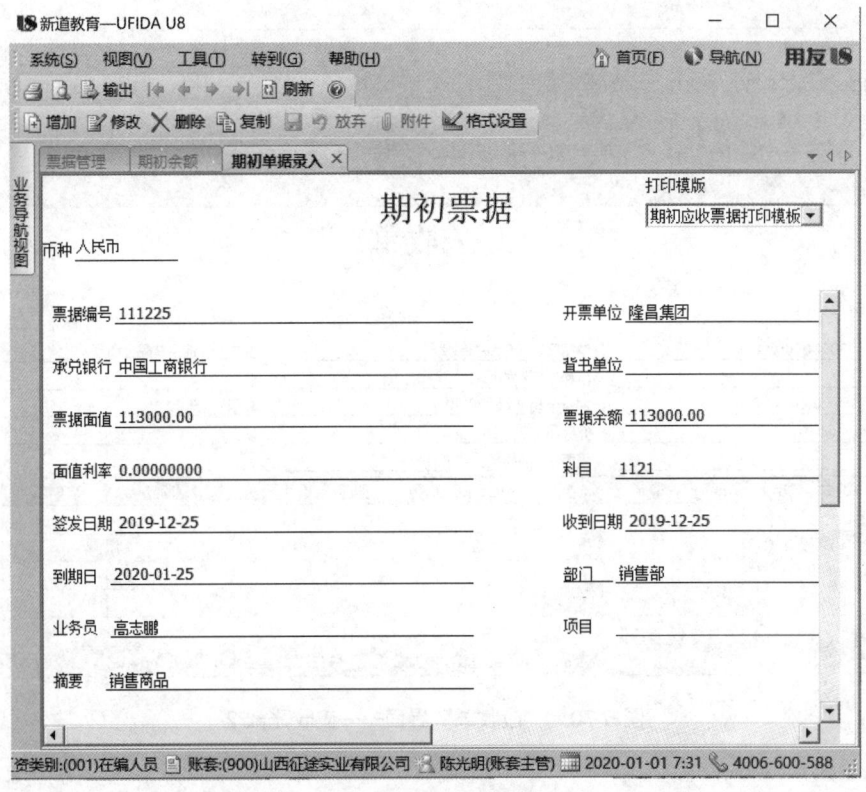

图 6-68 "期初票据"界面——应收票据

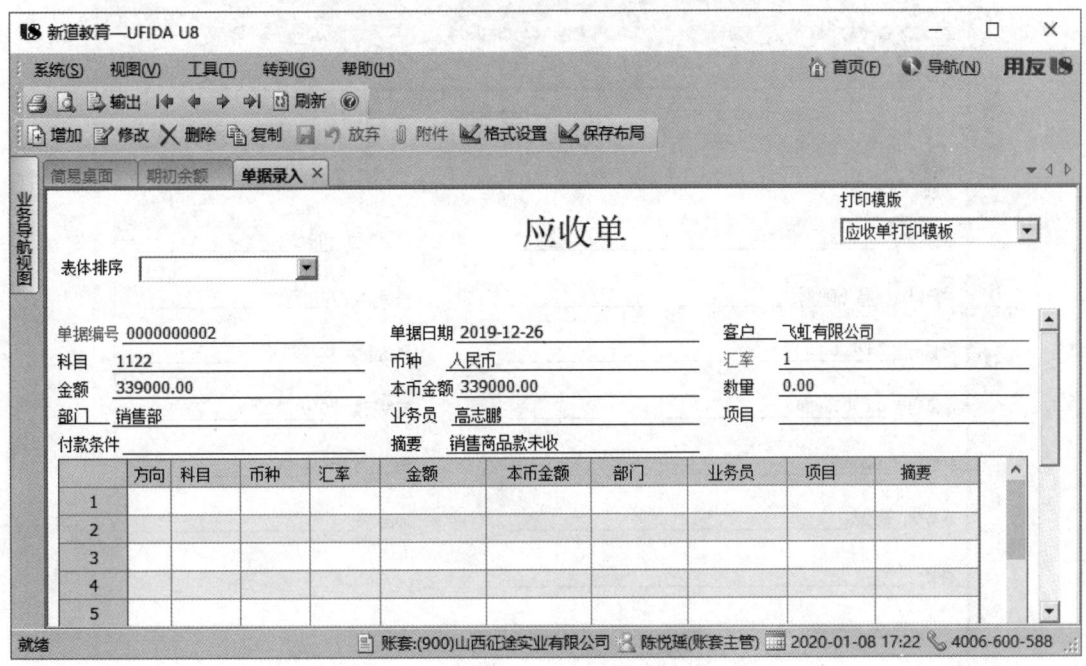

图 6-69 "应收单"界面——应收账款 1

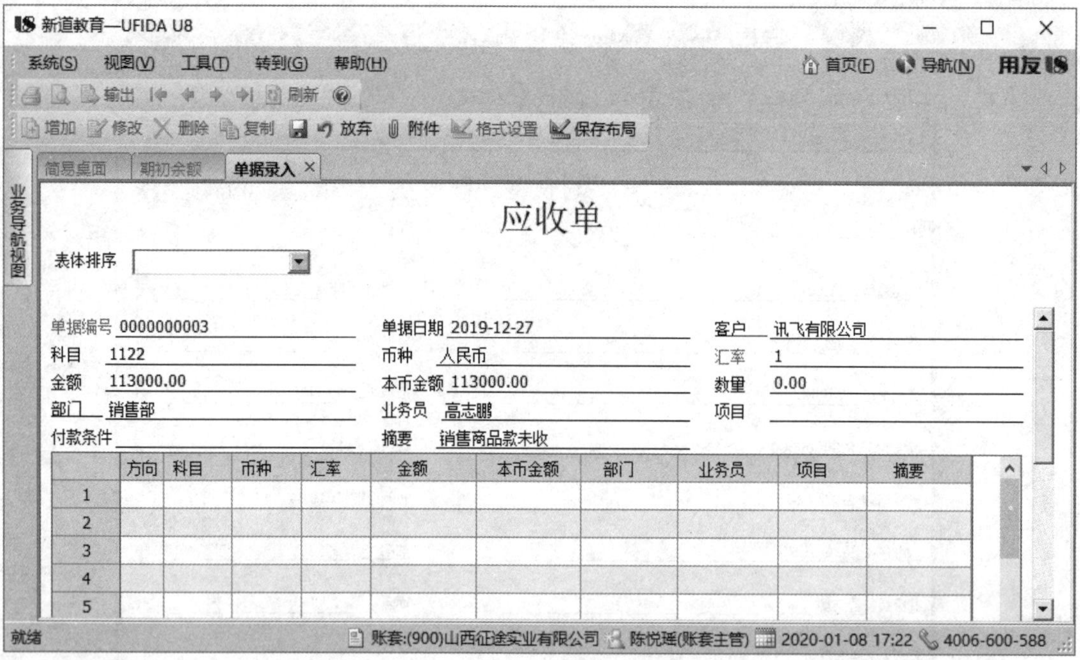

图 6-70 "应收单"界面——应收账款 2

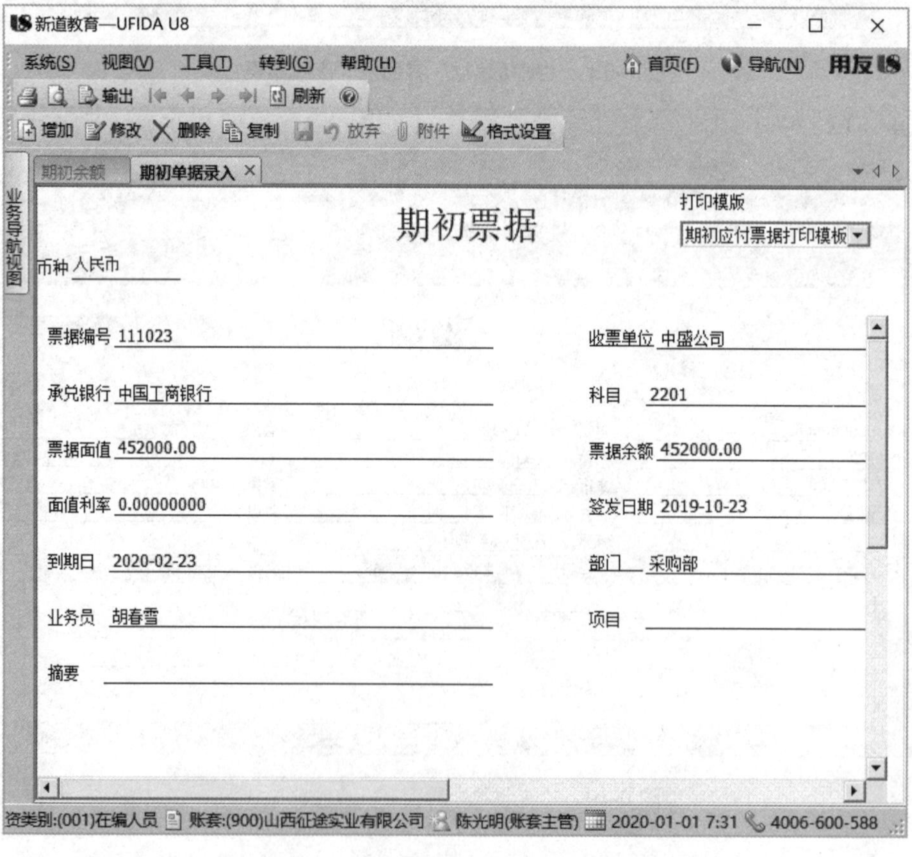

图 6-71 "期初票据"界面——应付票据

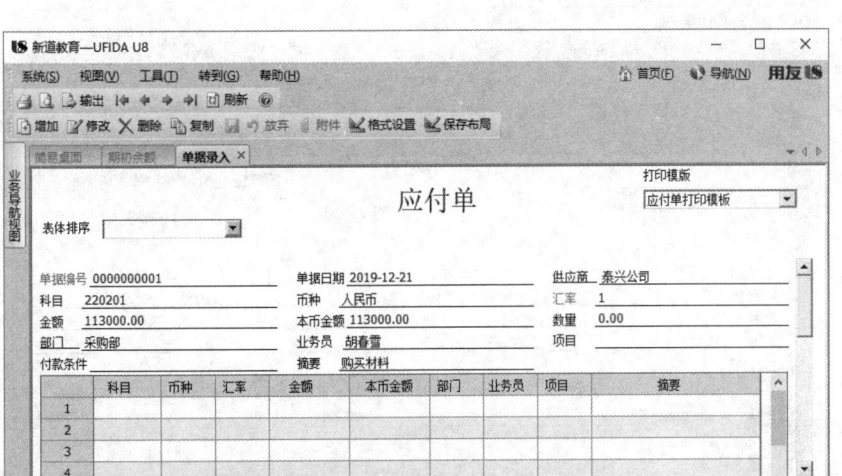

图 6-72 "应付单"界面——应付账款

第三节 日常业务处理

业务 1

(1) 仓管员 C01 在"库存管理"系统中，执行"入库业务"|"采购入库单"命令，进入"采购入库单"界面，单击"增加"按钮，根据第五章业务 1 的原始单据录入"采购入库单"信息，保存并审核，如图 6-73 所示。

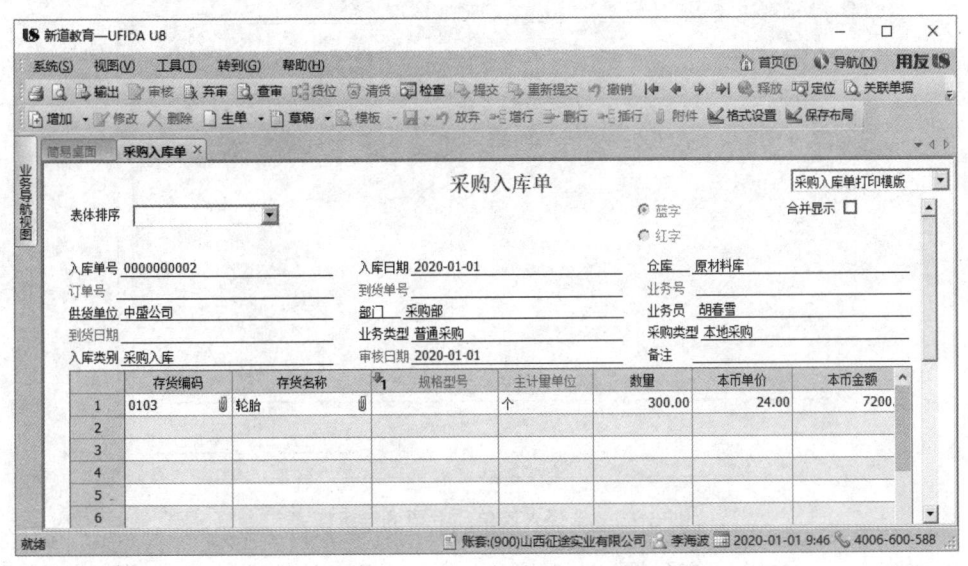

图 6-73 录入"采购入库单"信息

(2) 采购员 G01 在"采购管理"系统中，执行"采购发票"|"专用采购发票"命令，进入"专用发票"界面，单击"增加"按钮，参照"入库单"生成采购专用发票，录入发票号保存，如图 6-74 所示。

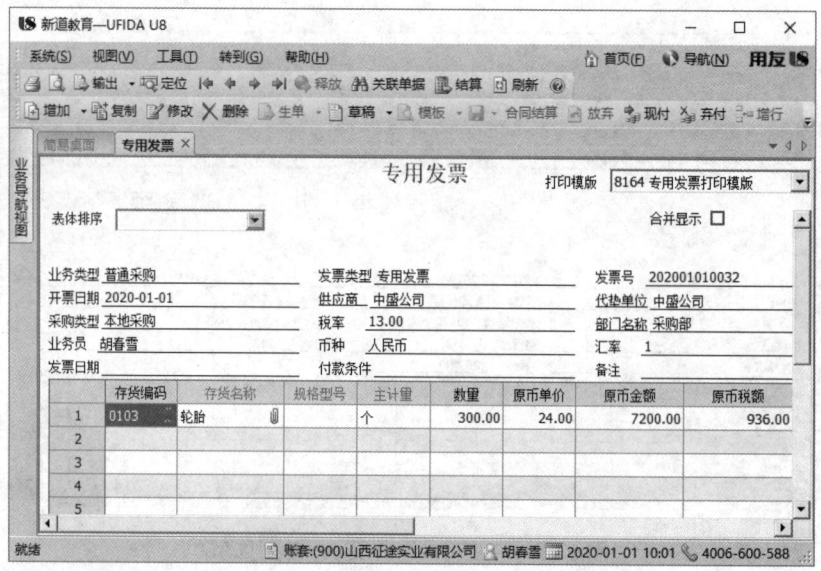

图 6-74 "专用发票"界面

(3) 在"采购管理"系统中,执行"采购结算"|"自动结算"命令,选择入库单和发票的结算模式,完成结算,如图 6-75、图 6-76 所示。

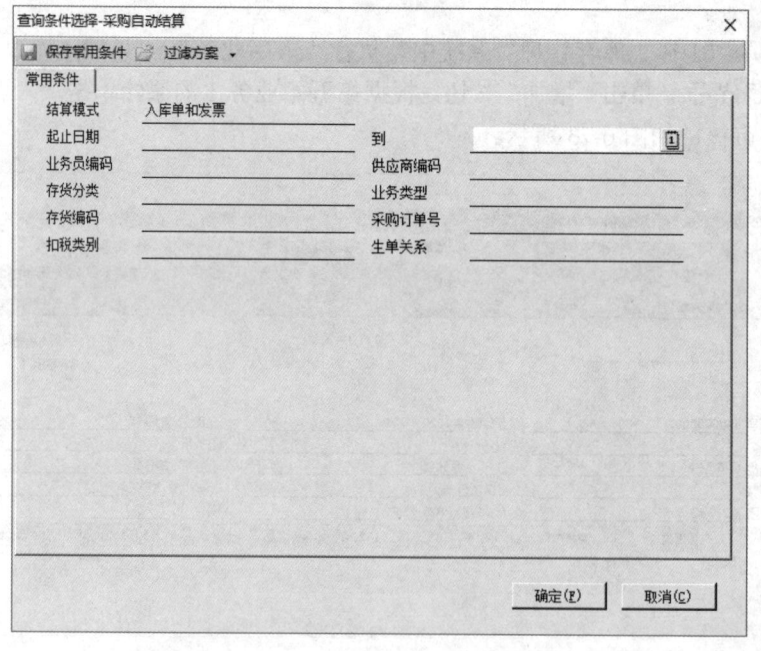

图 6-75 选择入库单和发票的结算模式

(4) 财务会计 W02 在"存货核算"系统中,执行"业务核算"|"正常单据记账"命令,完成记账工作,执行"财务核算"|"生成凭证"命令,生成入库凭证,如图 6-77 至图 6-79 所示。

(5) 财务主管 A01 在"应付款管理"系统中,执行"应付单据处理"|"应付单据审核"命令,进行发票审核,执行"制单处理"命令,生成发票凭证,如图 6-80、图 6-81 所示。

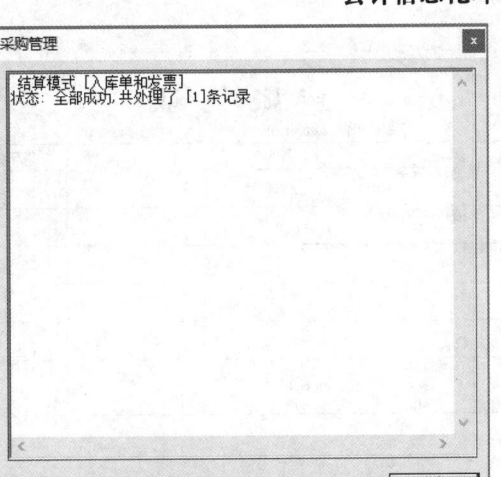

图 6-76 "采购管理"对话框

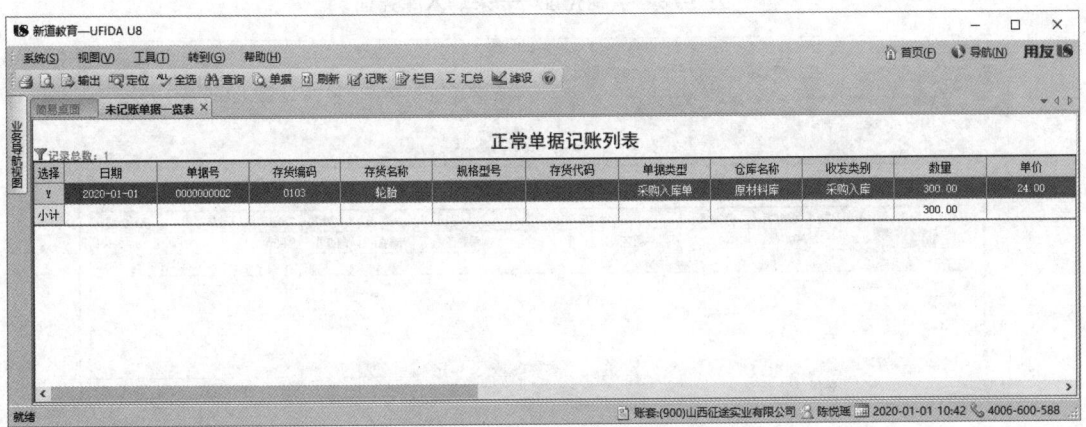

图 6-77 正常单据记账列表

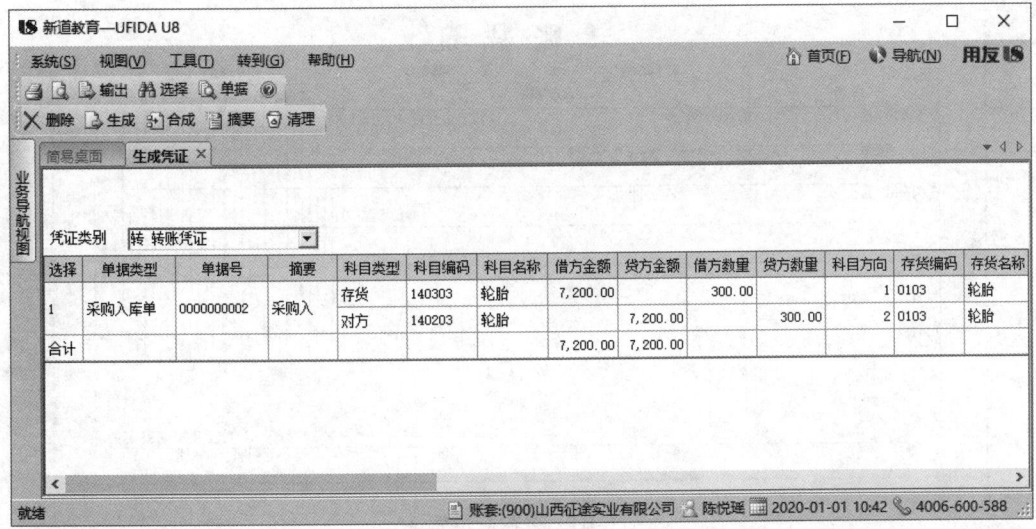

图 6-78 "生成凭证"选项卡

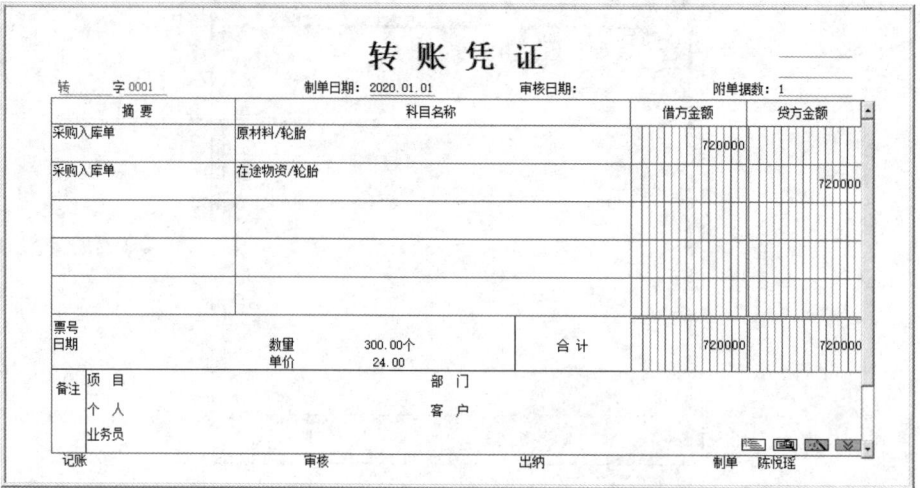

图 6-79 填制凭证——采购入库凭证

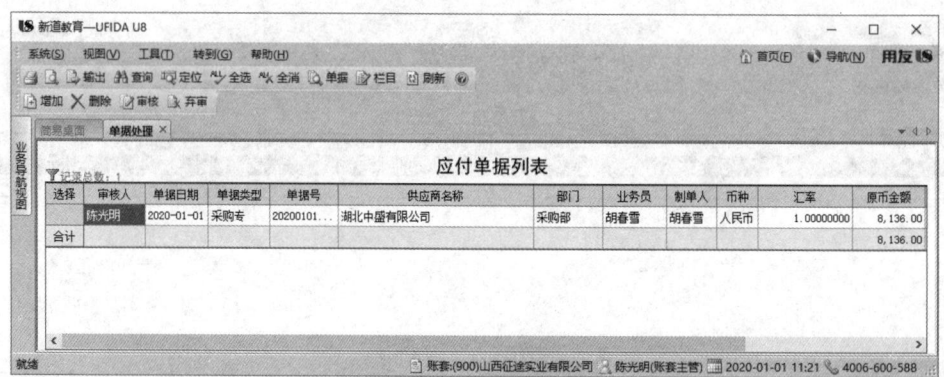

图 6-80 应付单据列表

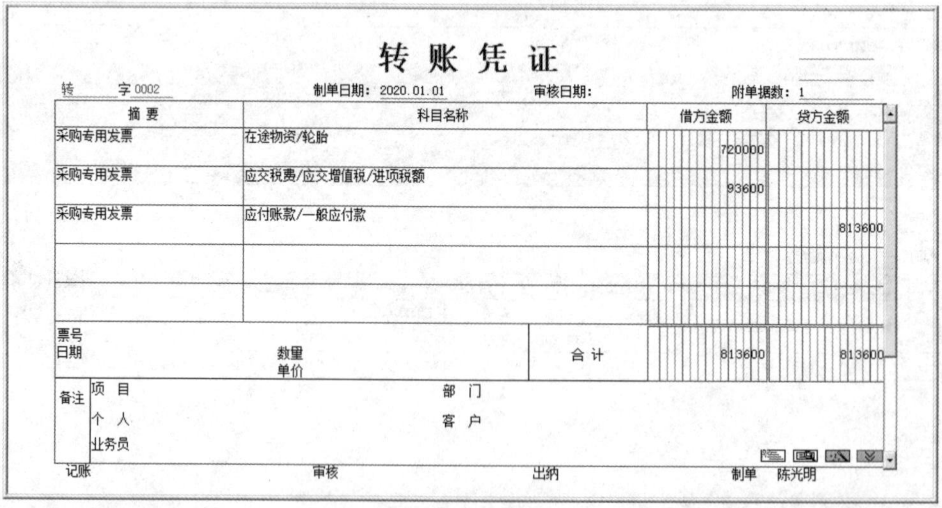

图 6-81 采购应付凭证

业务 2(微课视频：WK01)

(1) 销售员 X01 在"销售管理"系统中，执行"销售订货"|"销售订单"命令，进入"销售订单"界面，单击"增加"按钮，根据第五章业务 2 合同信息填制销售订单，保存并审核，如图 6-82 所示。

(2) 出纳 W03 在"应收款管理"系统中，执行"收款单据处理"|"收款单据录入"命令，进入"收款单"界面，单击"增加"按钮，录入收款信息并保存，如图 6-83 所示。

WK01.flv

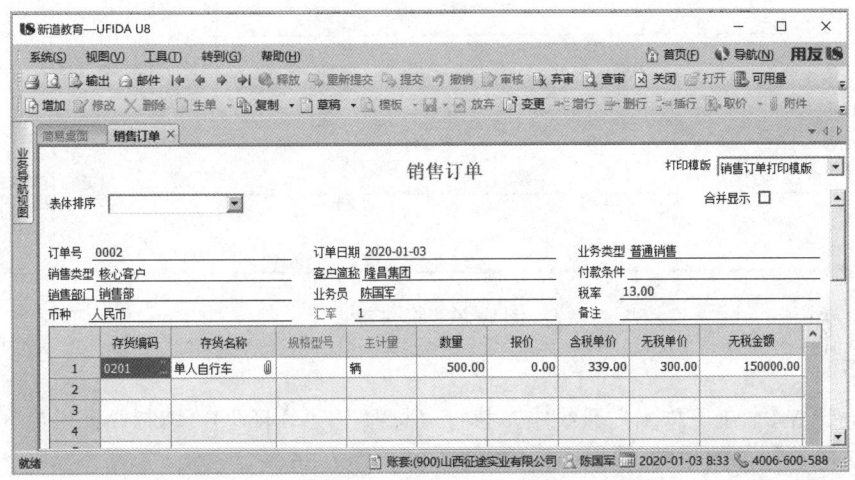

图 6-82 "销售订单"界面

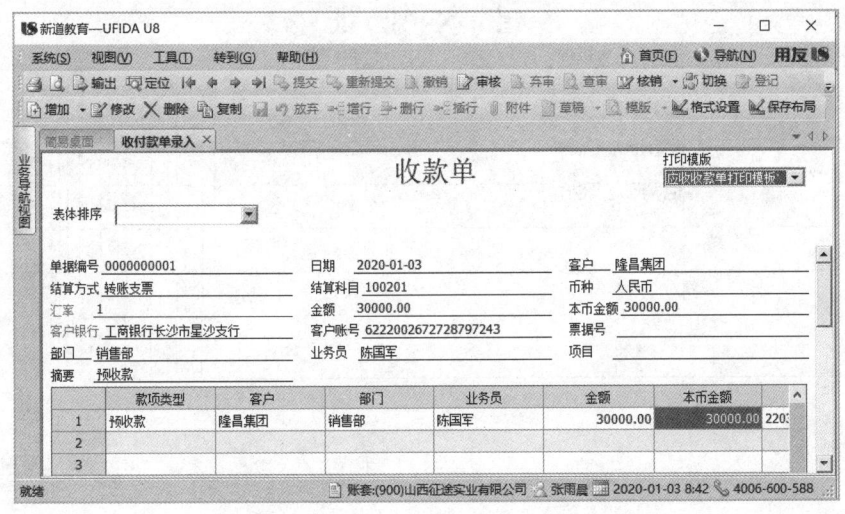

图 6-83 "收款单"界面

(3) 财务会计 W02 在"应收款管理"系统中，审核收款单，执行"制单处理"命令，生成收款凭证，如图 6-84 所示。

收款凭证

收 字 0001　　制单日期：2020.01.03　　审核日期：　　附单据数：1

摘要	科目名称	借方金额	贷方金额
预收款	银行存款/工商银行	3000000	
预收款	预收账款		3000000

票号 202 -
日期 2020.01.03　　数量　　单价　　　　合计　　3000000　　3000000

备注　项目　　部门
　　　个人　　客户
　　　业务员

记账　　　审核　　　出纳　　　制单 陈悦瑶

图 6-84　收款凭证

业务 3

总账会计 W04 在"总账"系统中，执行"总账"|"凭证"|"填制凭证"命令，根据第五章业务 3 的原始单据填制付款凭证，如图 6-85、图 6-86 所示。

付款凭证

付 字 0001　　制单日期：2020.01.03　　审核日期：　　附单据数：1

摘要	科目名称	借方金额	贷方金额
缴纳税费	应交税费/未交增值税	6355000	
缴纳税费	应交税费/应交所得税	3306000	
缴纳税费	银行存款/工商银行		9661000

票号
日期　　　　数量　　单价　　　　合计　　9661000　　9661000

备注　项目　　部门
　　　个人　　客户
　　　业务员

记账　　　审核　　　出纳　　　制单 刘红

图 6-85　付款凭证

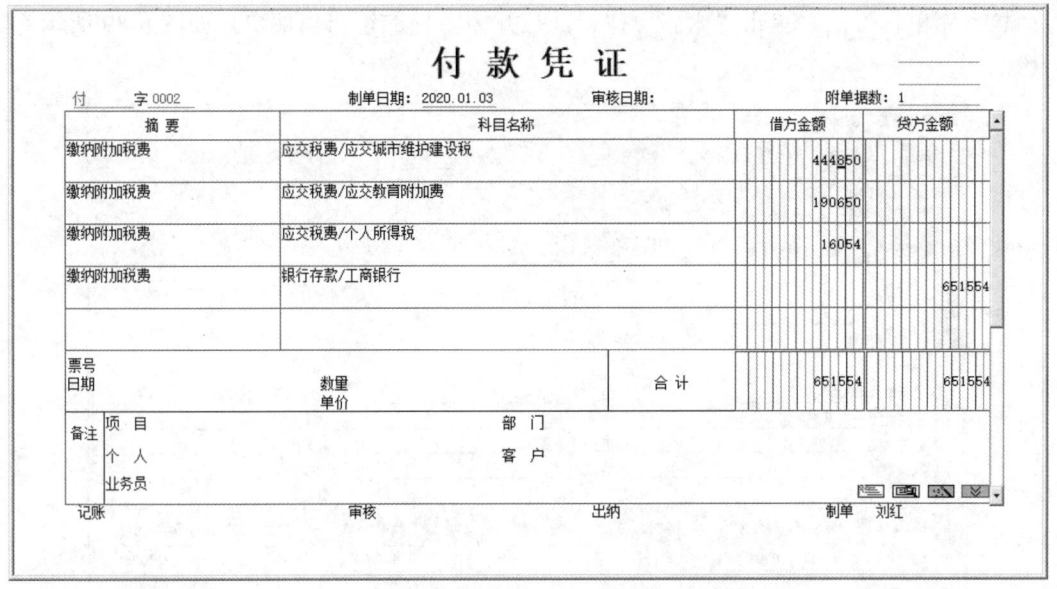

图 6-86 付款凭证——缴纳附加税费

业务 4

(1) 销售员 X01 在"销售管理"系统中,执行"销售订货"|"销售订单"命令,进入"销售订单"界面,单击"增加"按钮,根据第五章业务 2 合同信息填制销售订单,保存并审核,如图 6-87 所示。

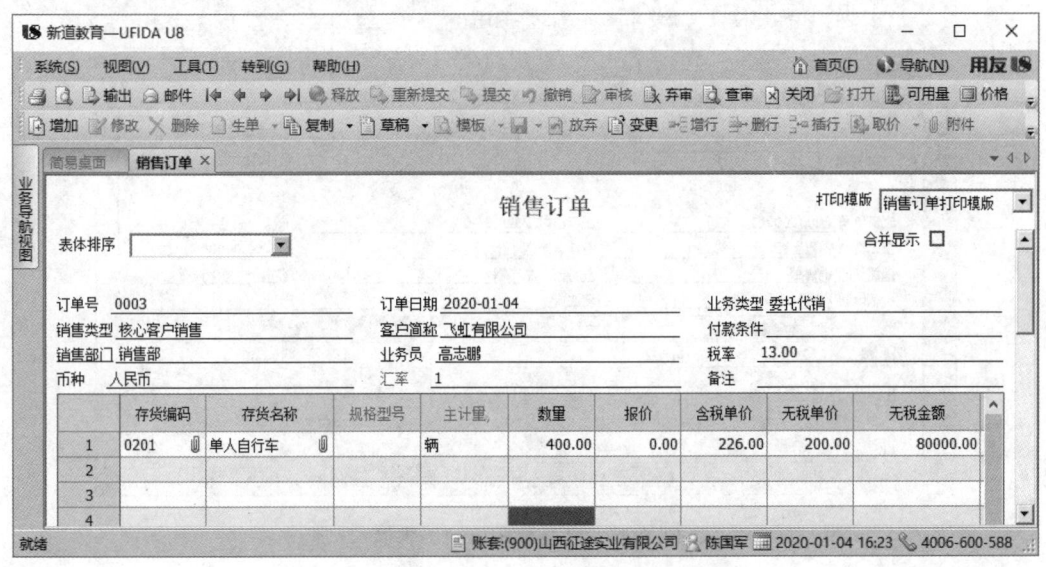

图 6-87 "销售订单"界面

(2) 在"销售管理"系统中,执行"委托代销"|"委托代销发货单"命令,进入"委托代销发货单"界面,单击"增加"按钮,参照订单生成委托代销发货单,保存并审核,如图 6-88 所示。

(3) 仓管员 C01 在"库存管理"系统中,执行"出库业务"|"销售出库单"命令,进入

"销售出库单"界面,单击"末张"按钮,打开需审核的销售出库单,如图6-89所示完成审核。

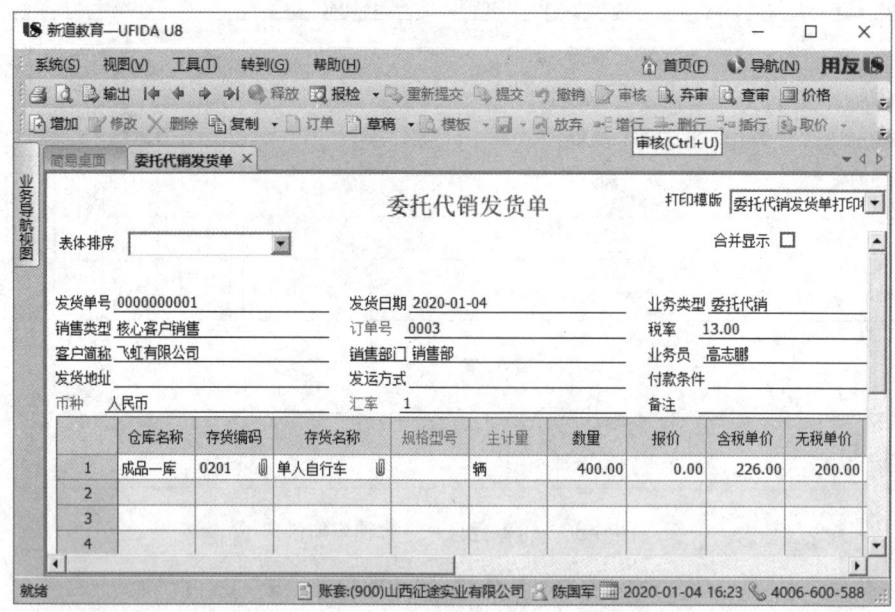

图6-88 "委托代销发货单"界面

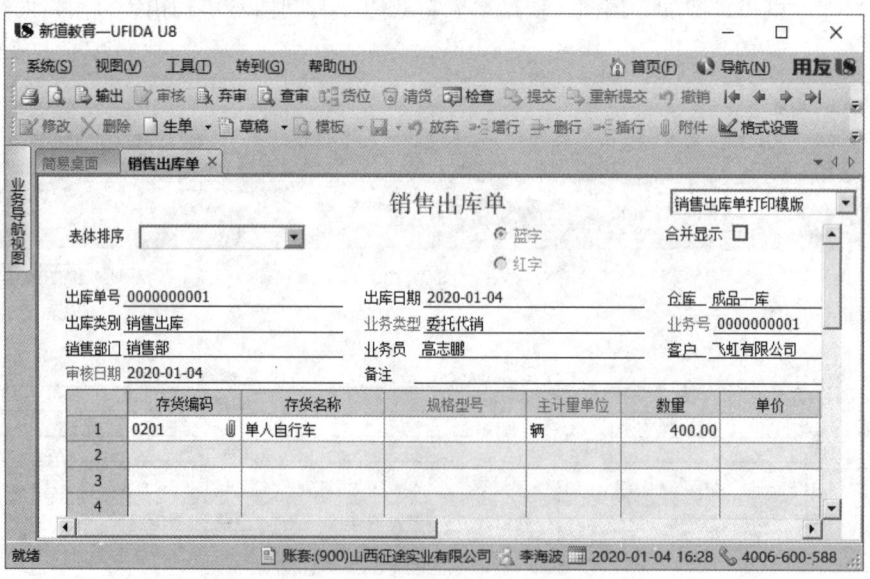

图6-89 "销售出库单"界面

(4) 财务会计W02在"存货核算"系统中,执行"业务核算"|"发出商品记账"命令,完成记账工作;执行"财务核算"|"生成凭证"命令,生成出库凭证,如图6-90、图6-91所示。

业务5(微课视频:WK02)

(1) 采购员G01在"采购管理"系统中,执行"采购发票"|"专用采购

WK02.flv

发票"命令,进入"专用发票"界面,单击"增加"按钮,参照期初入库单生成采购专用发票,保存后单击"现付"按钮,录入原币金额和票号信息完成发票现付,如图6-92所示。

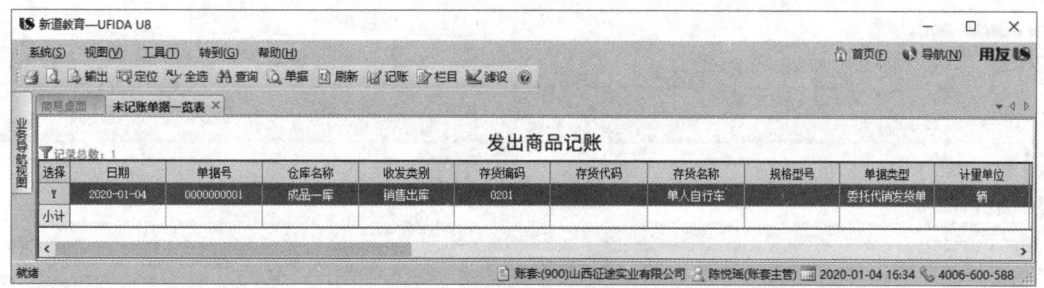

图6-90 "发出商品记账"界面

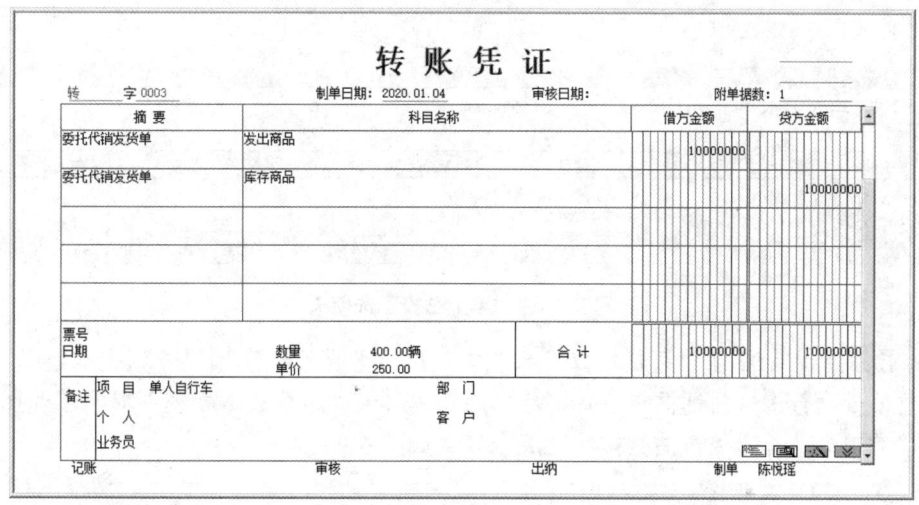

图6-91 "转账凭证"界面

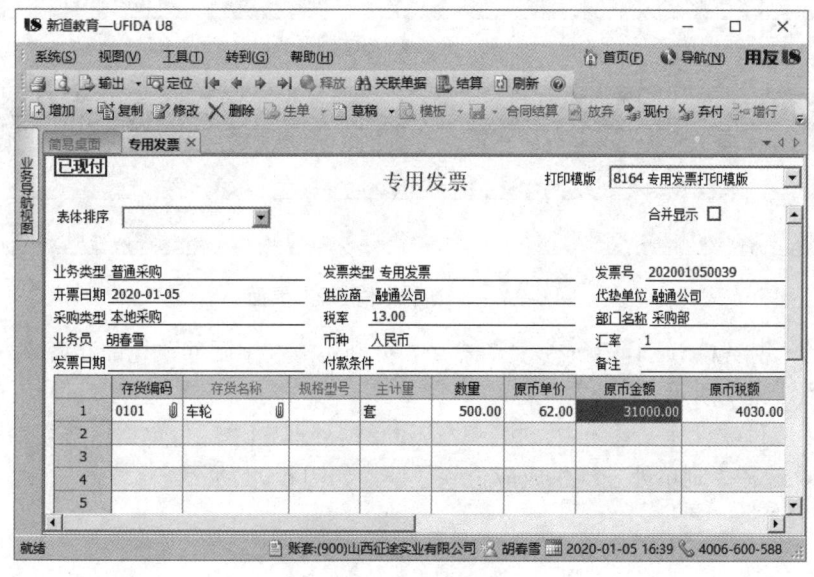

图6-92 "专用发票"界面

(2) 在"采购管理"系统中，执行"采购结算"|"手工结算"命令，单击"选单"按钮，选择要结算的入库单和发票，完成结算，如图 6-93 所示。

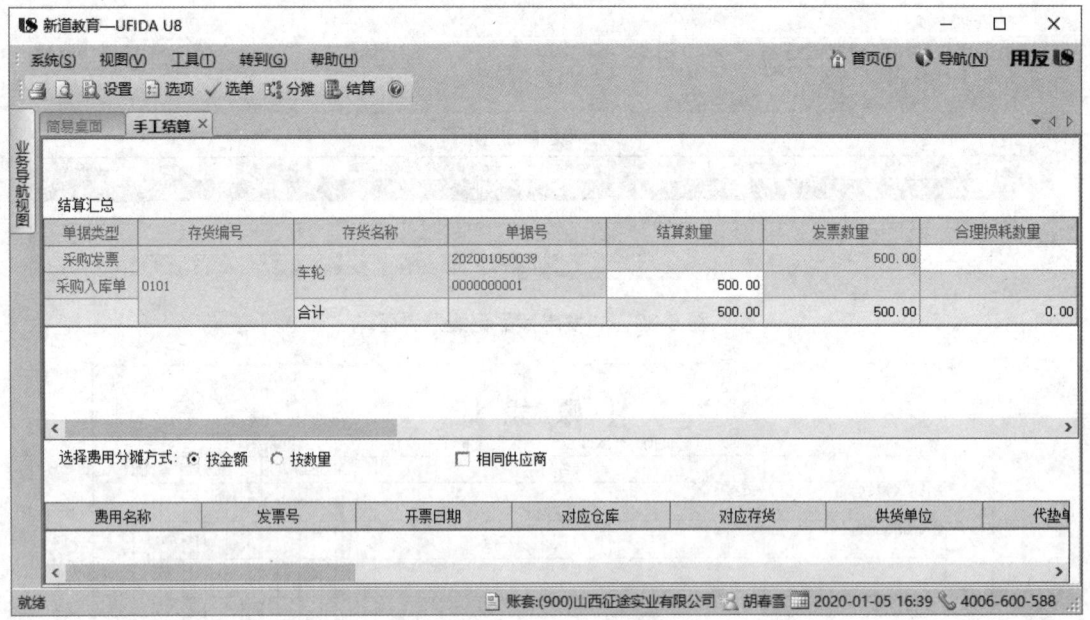

图 6-93 "手工结算"选项卡

(3) 财务会计 W02 在"存货核算"系统中，执行"业务核算"|"结算成本处理"命令，打开"暂估处理查询"对话框，选择"原料库"，进入"结算成本处理"界面，选择要进行暂估结算的单据，单击"暂估"按钮完成结算，如图 6-94 所示。

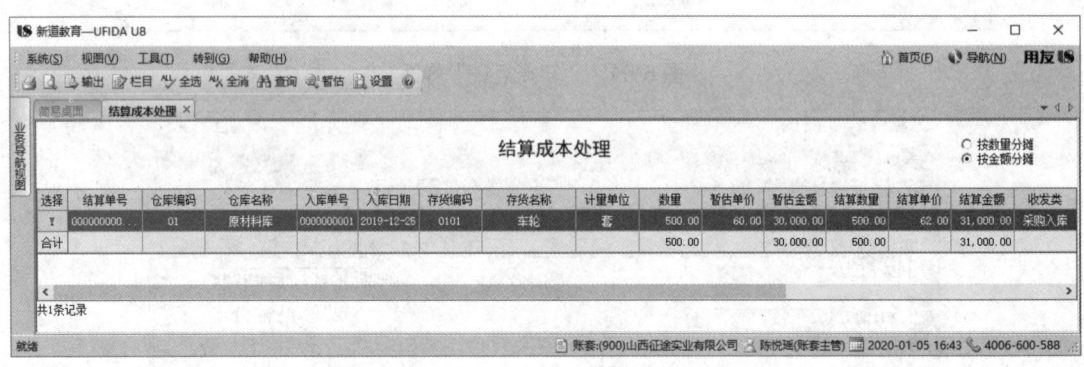

图 6-94 "结算成本处理"界面

(4) 执行"财务核算"|"生成凭证"命令，分别生成红字回冲单凭证和蓝字回冲单凭证，如图 6-95 至图 6-97 所示。

(5) 在"应付款管理"系统中，执行"应付单据处理"|"应付单据审核"命令，完成采购发票审核，选择"制单处理"生成应付款凭证，如图 6-98 所示。

会计信息化环境下的账务处理 第六章

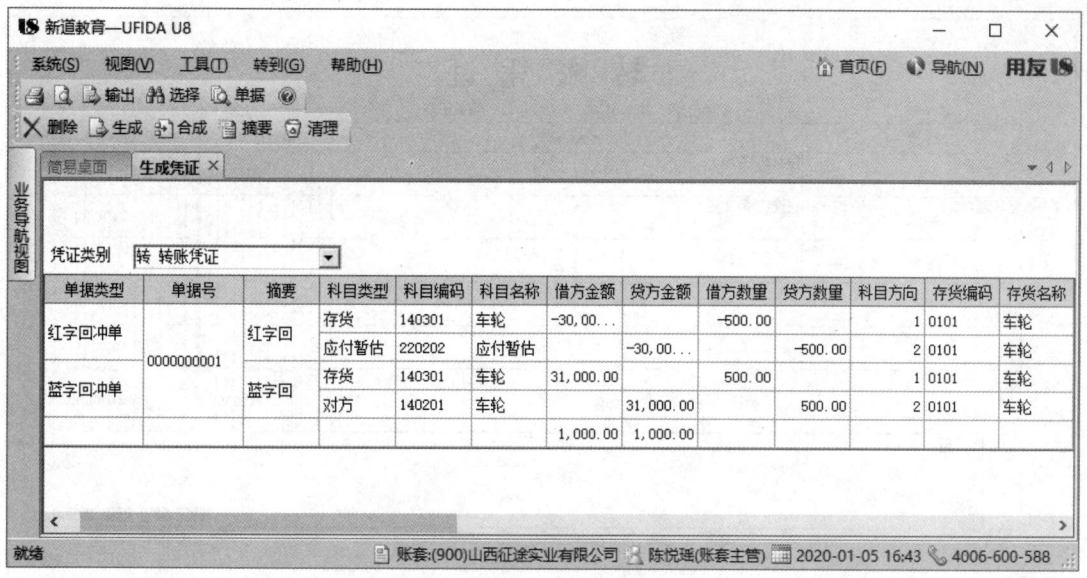

图6-95 "生成凭证"选项卡

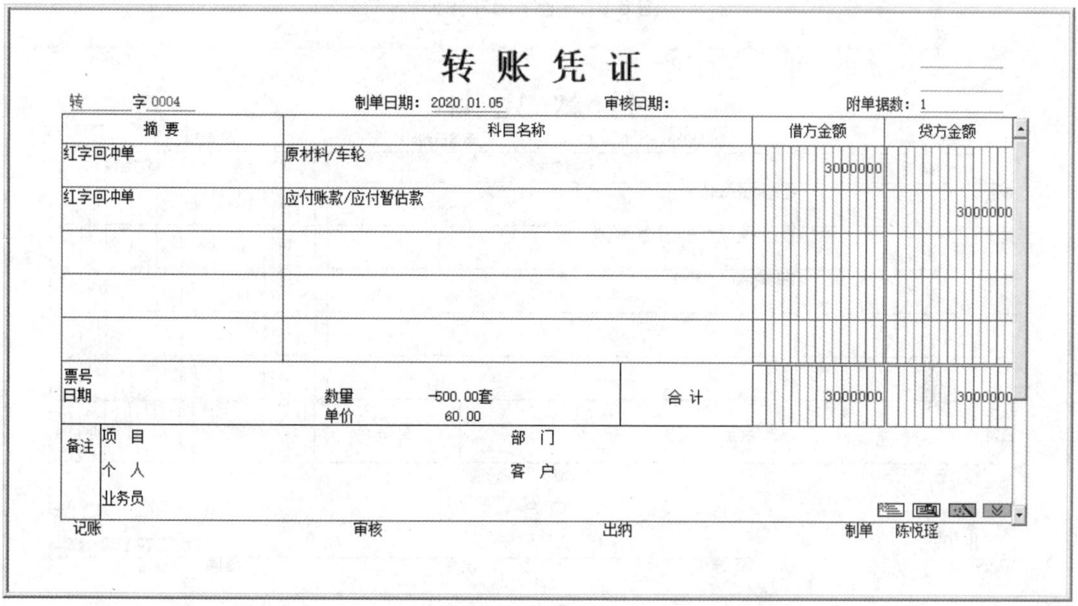

图6-96 红字回冲凭证

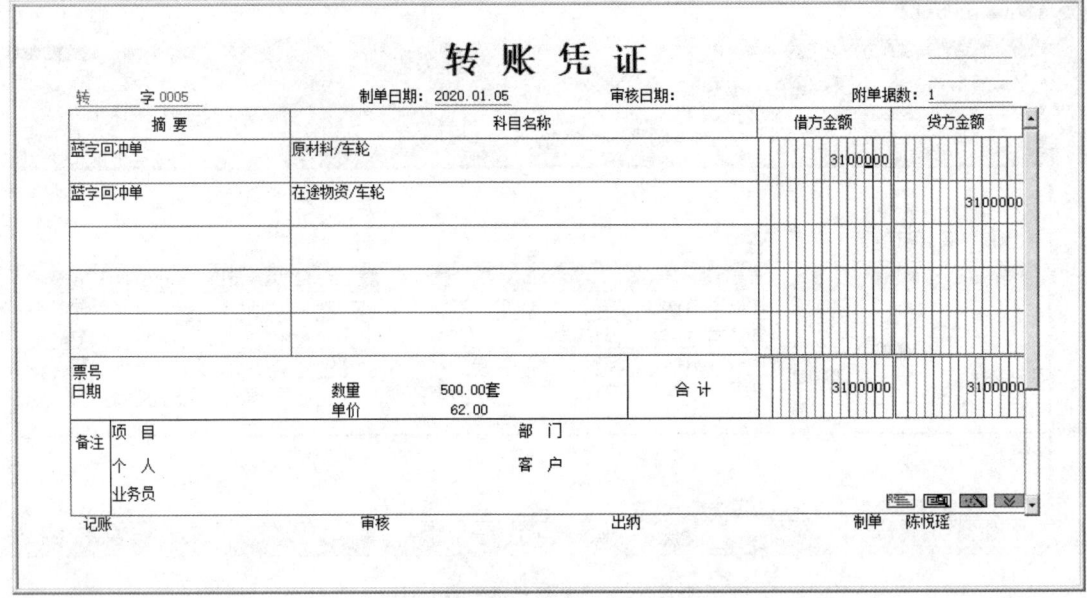

图 6-97 蓝字回冲凭证

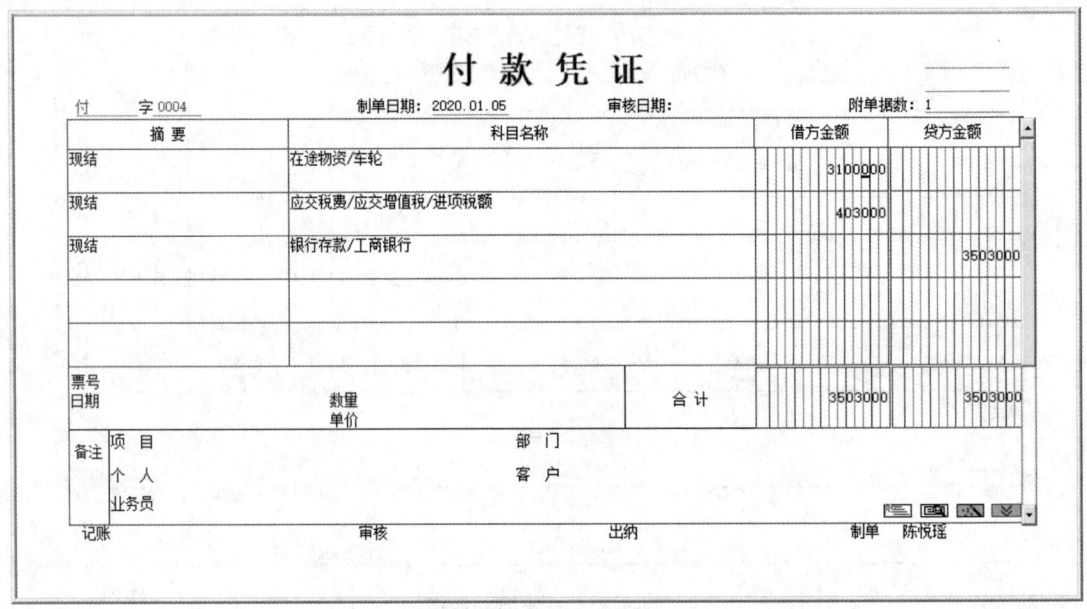

图 6-98 采购付款凭证

业务 6

(1) 销售员 X01 在"销售管理"系统中,执行"销售订货"|"销售订单"命令,进入"销售订单"界面,单击"增加"按钮,根据第五章业务 6 合同信息填制销售订单,保存并审核,如图 6-99 所示。

(2) 在"销售管理"系统中,执行"销售开票"|"销售专用发票"命令,进入"销售专用发票"界面,参照订单生成销售专用发票,保存并复核,如图 6-100 所示。

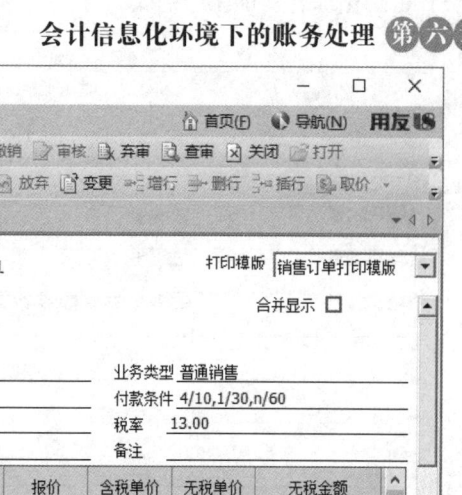

图 6-99 "销售订单"界面

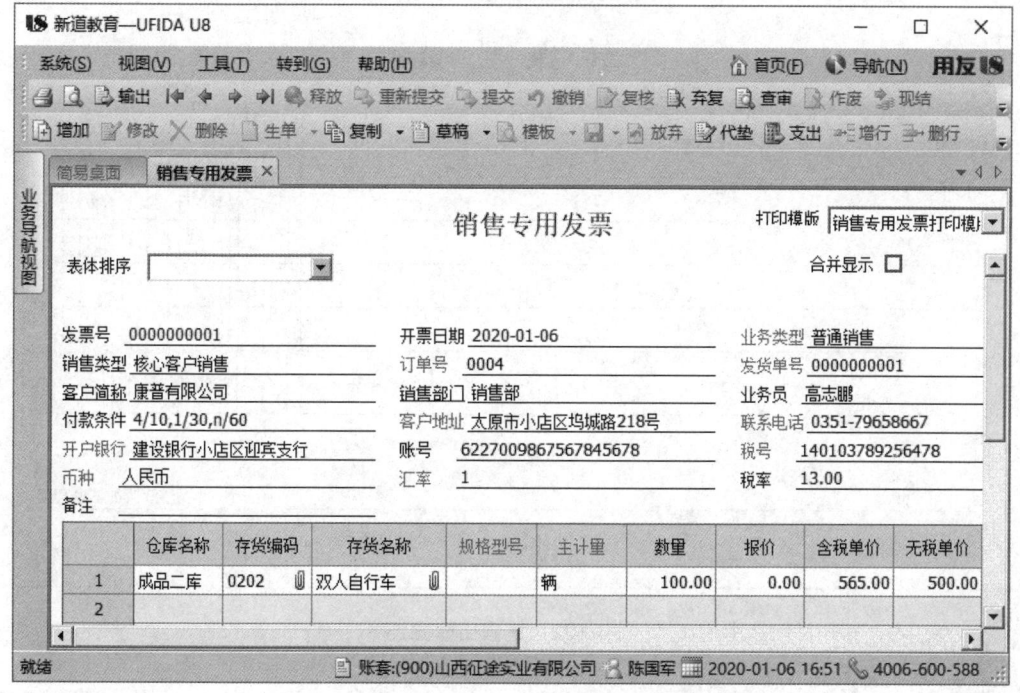

图 6-100 "销售专用发票"界面

(3) 财务会计 W02 在"应收款管理"系统中，执行"应收单据处理"|"应收单据审核"命令，完成销售发票审核，选择"制单处理"生成应收的凭证，如图 6-101 所示。

(4) 在"存货核算"系统中，执行"业务核算"|"正常单据记账"命令，完成记账工作，执行"财务核算"|"生成凭证"命令，生成产品出库结转成本的凭证，如图 6-102 所示。

转 账 凭 证

转 字 0006　　制单日期：2020.01.06　　审核日期：　　附单据数：1

摘要	科目名称	借方金额	贷方金额
销售专用发票	应收账款	5650000	
销售专用发票	主营业务收入		5000000
销售专用发票	应交税费/应交增值税/销项税额		650000
票号 日期	数量 单价 合计	5650000	5650000

备注　项　目　　　部　门
　　　个　人　　　客　户 康普公司
　　　业务员　高志鹏

记账　　审核　　出纳　　制单　陈悦瑶

图 6-101　应收凭证

转 账 凭 证

转 字 0007　　制单日期：2020.01.06　　审核日期：　　附单据数：1

摘要	科目名称	借方金额	贷方金额
专用发票	主营业务成本	4300000	
专用发票	库存商品		4300000
票号 日期	数量 单价 合计	4300000	4300000

备注　项　目　双人自行车　　部　门
　　　个　人　　　客　户
　　　业务员

记账　　审核　　出纳　　制单　陈悦瑶

图 6-102　销售出库凭证

业务 7(微课视频：WK03)

(1) 采购员 G01 在“采购管理”系统中，执行“采购订货”|“采购订单”命令，进入“采购订单”界面，单击“增加”按钮，录入订单信息，保存并审核，如图 6-103 所示。

WK03.flv

(2) 在“采购管理”系统中，执行“采购到货”|“到货单”命令，进入“到货单”界面，单击“增加”按钮，参照订单生成到货单，保存并审核，如图 6-104 所示。

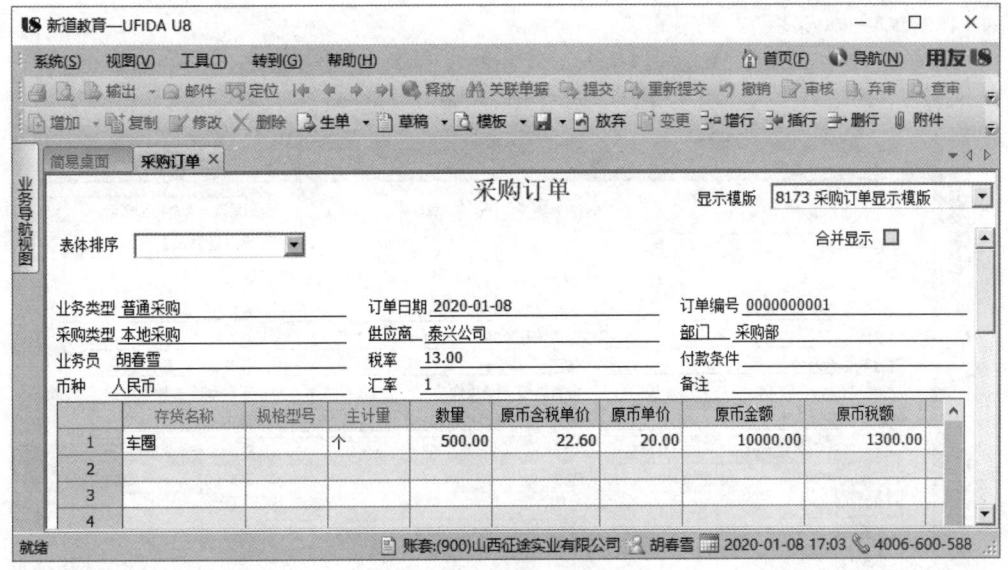

图 6-103 "采购订单"界面

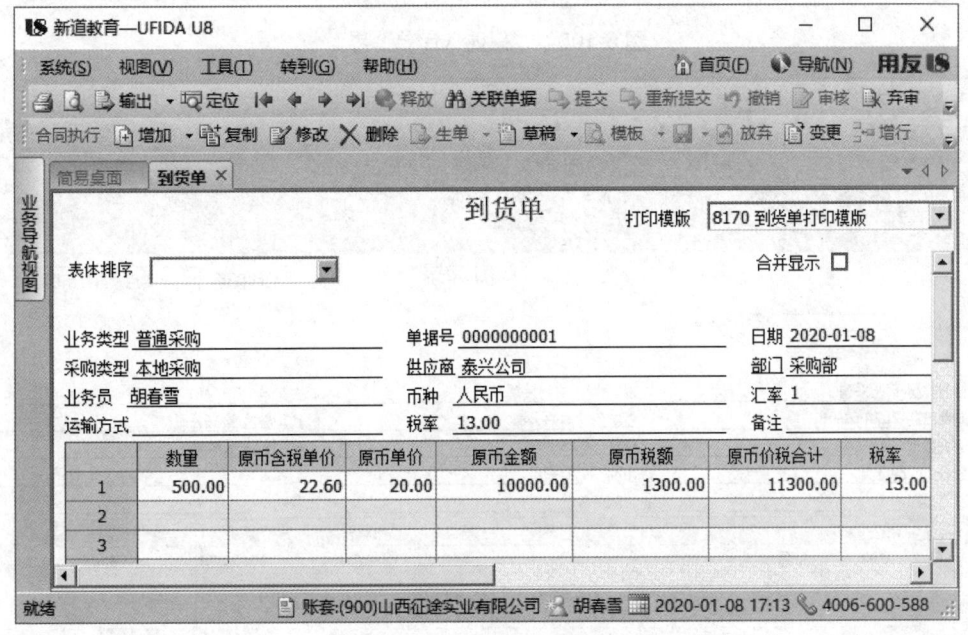

图 6-104 "到货单"界面

(3) 仓管员 C01 在"库存管理"系统中,执行"入库业务"|"采购入库单"命令,进入"采购入库单"界面,单击"生单"按钮,参照采购到货单(蓝字)生成采购入库单,保存并审核,如图 6-105 所示。

(4) 采购员 G01 在"采购管理"系统中,执行"采购发票"|"专用采购发票"命令,进入"专用发票"界面,单击"增加"按钮,参照入库单生成采购专用发票,如图 6-106 所示。

(5) 在"采购管理"系统中,执行"采购发票"|"运费发票"命令,进入"运费发票"界面,单击"增加"按钮,录入发票信息并保存,如图 6-107 所示。

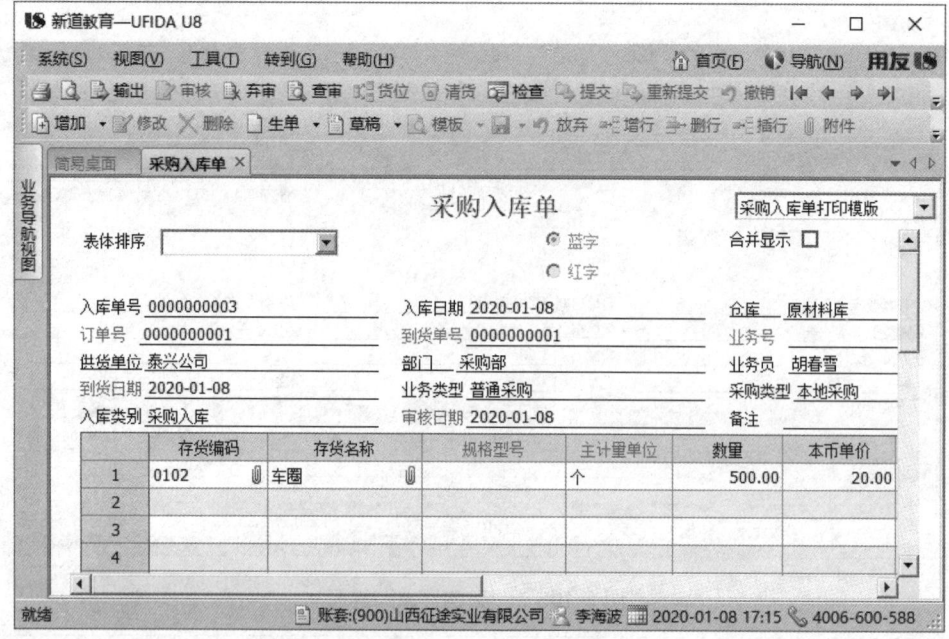

图 6-105 "采购入库单"界面

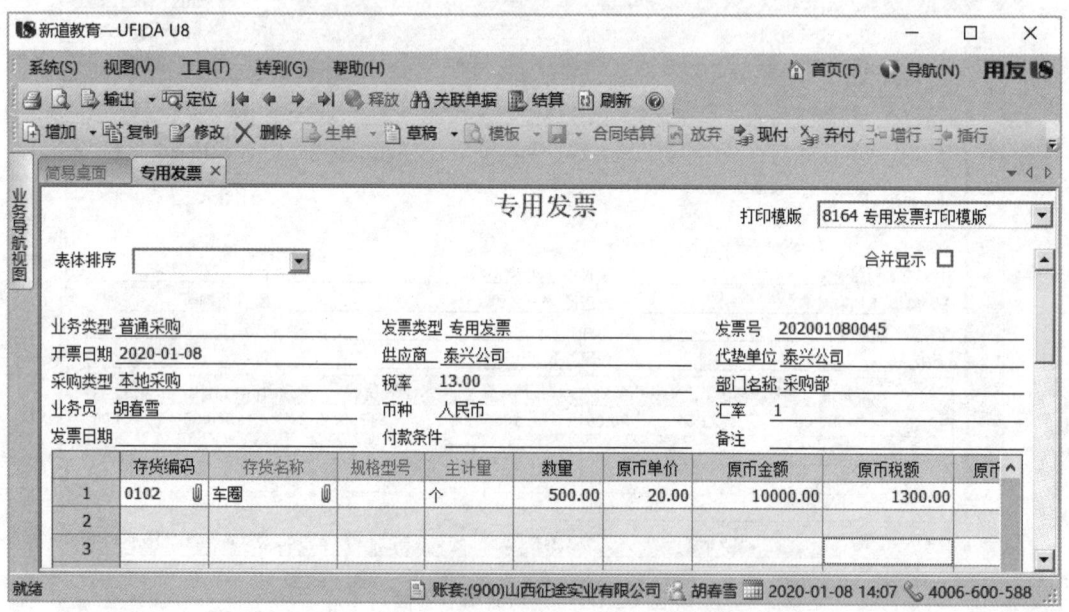

图 6-106 "专用发票"界面

(6) 在"采购管理"系统中，执行"采购结算"|"手工结算"命令，单击"选单"按钮，选择要结算的入库单和发票(采购专用发票和运费发票)，完成结算，如图 6-108 所示。

(7) 财务会计 W02 在"存货核算"系统中，执行"业务核算"|"正常单据记账"命令，完成记账工作；执行"财务核算"|"生成凭证"命令，生成入库凭证，如图 6-109 所示。

(8) 在"应付款管理"系统中，执行"应付单据处理"|"应付单据审核"命令，完成采购发票审核，选择"制单处理"，生成应付款凭证，如图 6-110、图 6-111 所示。

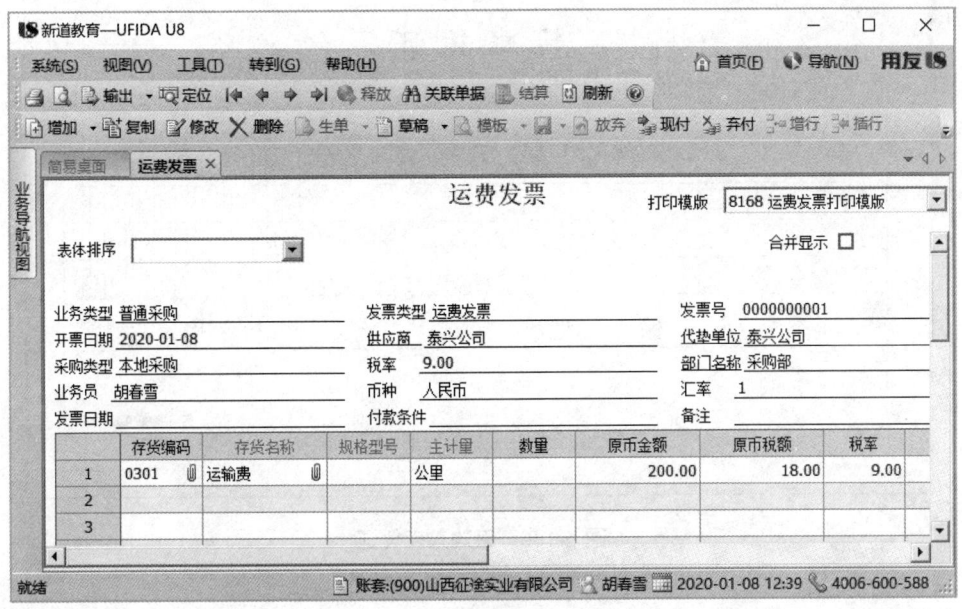

图 6-107 "运费发票"界面

图 6-108 "手工结算"选项卡

转账凭证

转 字 0008　　制单日期：2020.01.08　　审核日期：　　附单据数：1

摘要	科目名称	借方金额	贷方金额
采购入库单	原材料/车圈	1018200	
采购入库单	在途物资/车圈		1018200
票号 日期	数量 500.00个 单价 20.36 合计	1018200	1018200

备注　项目　　部门
个人　　客户
业务员

记账　审核　出纳　制单 陈悦瑶

图 6-109　采购入库凭证

选择标志	凭证类别	单据类型	单据号	日期	供应商编码	供应商名称	部门	业务员	金额
1	转账凭证	采购专	2020010...	2020-01-08	02	山西泰...	采购部	胡春雪	11,300.00
1	转账凭证	运费发票	2020001...	2020-01-08	02	山西泰...			200.00

图 6-110　“采购发票制单”界面

转账凭证

转 字 0009　　制单日期：2020.01.08　　审核日期：　　附单据数：2

摘要	科目名称	借方金额	贷方金额
采购专用发票	在途物资/车圈	1000000	
运费发票	在途物资/车圈	18200	
运费发票	应交税费/应交增值税/进项税额	131800	
运费发票	应付账款/一般应付款		1150000
票号 日期	数量 单价 合计	1150000	1150000

备注　项目　　部门
个人　　客户
业务员

记账　审核　出纳　制单 陈悦瑶

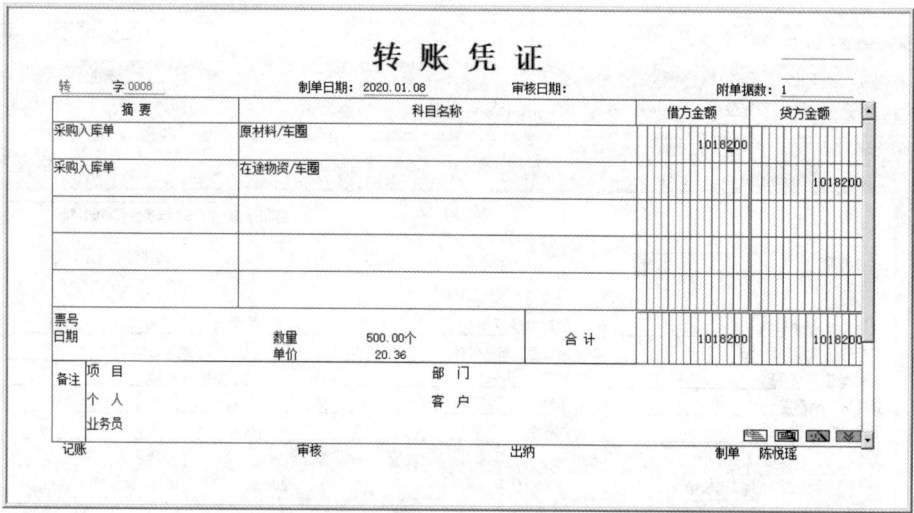

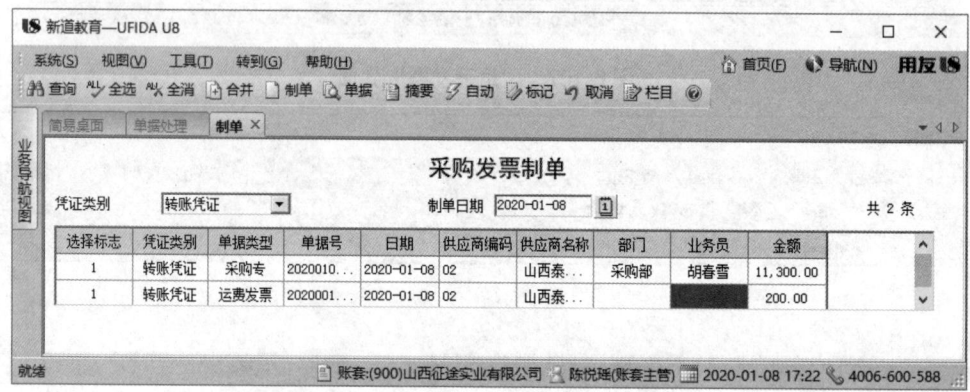

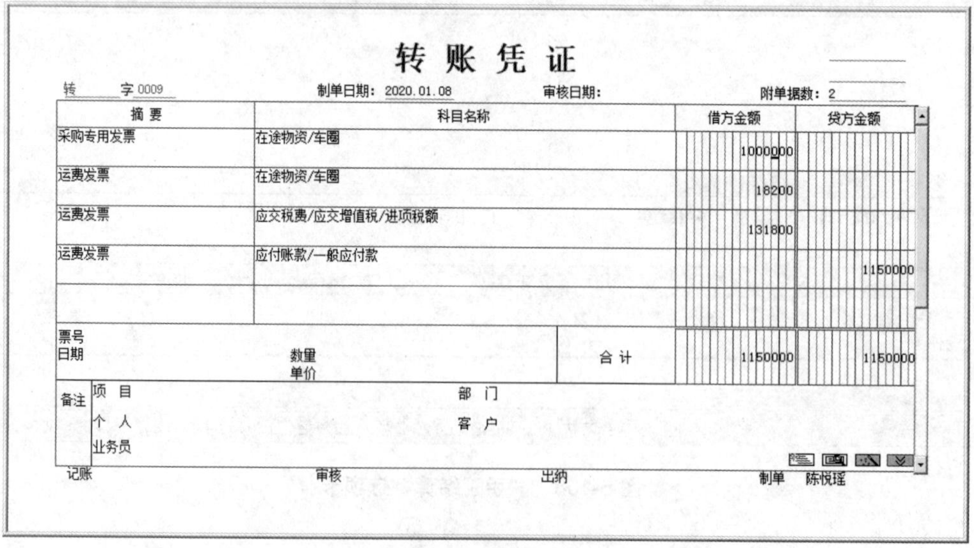

图 6-111　采购应付凭证

业务 8(微课视频：WK04)

(1) 出纳 W03 在"应收款管理"系统中，选择"票据管理"，在"票据管理"窗口，单击"增加"按钮，打开"商业汇票"界面，增加商业汇票，如图 6-112 所示。

WK04.flv

(2) 财务会计 W02 在"应收款管理"系统中，执行"收款单据处理"|"收款单据审核"命令，打开"收付款单列表"界面，审核"收款单"，如图 6-113 所示。

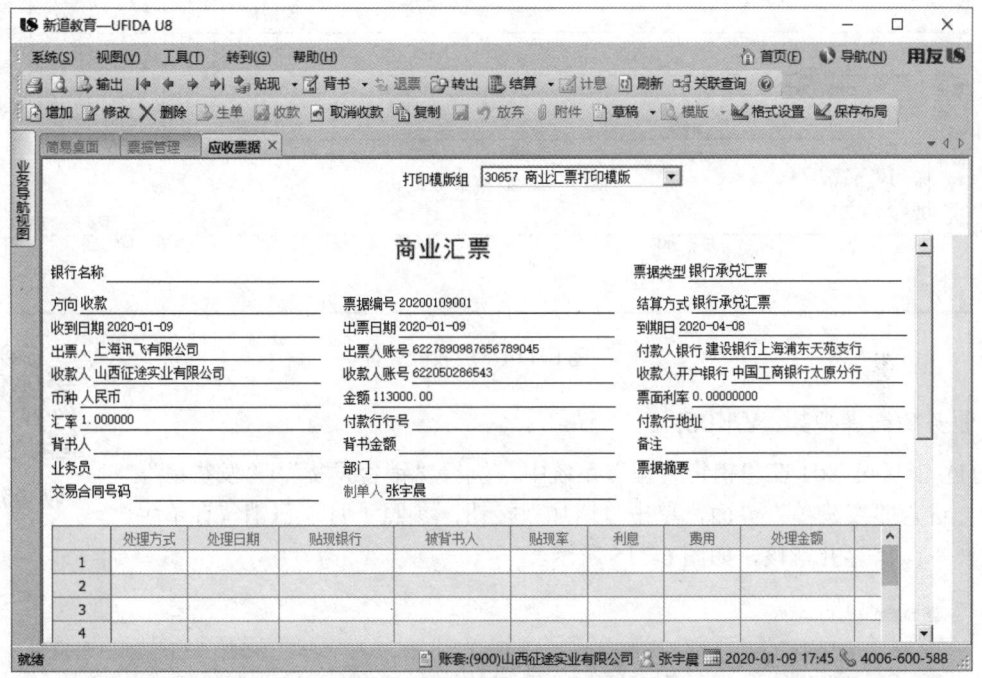

图 6-112 "商业汇票"界面

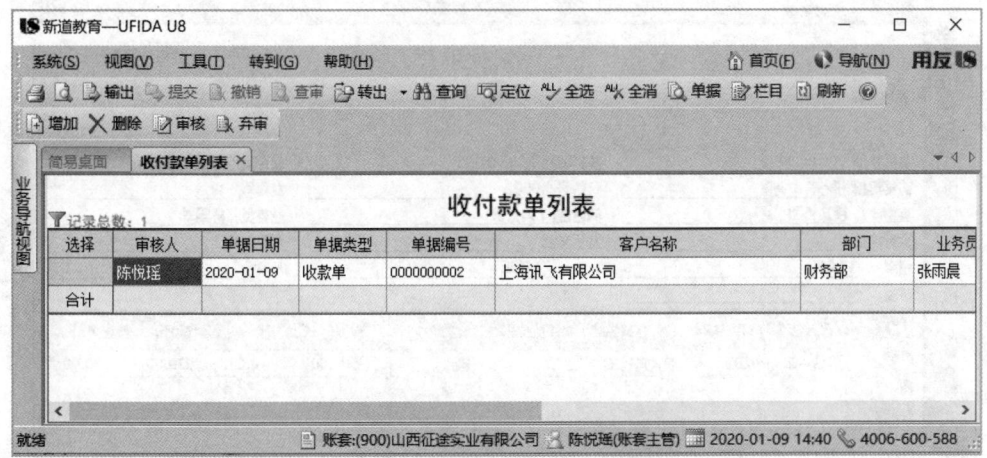

图 6-113 "收付款单列表"界面

(3) 在"应收款管理"系统中，执行"制单处理"命令，生成收款凭证，如图 6-114 所示。

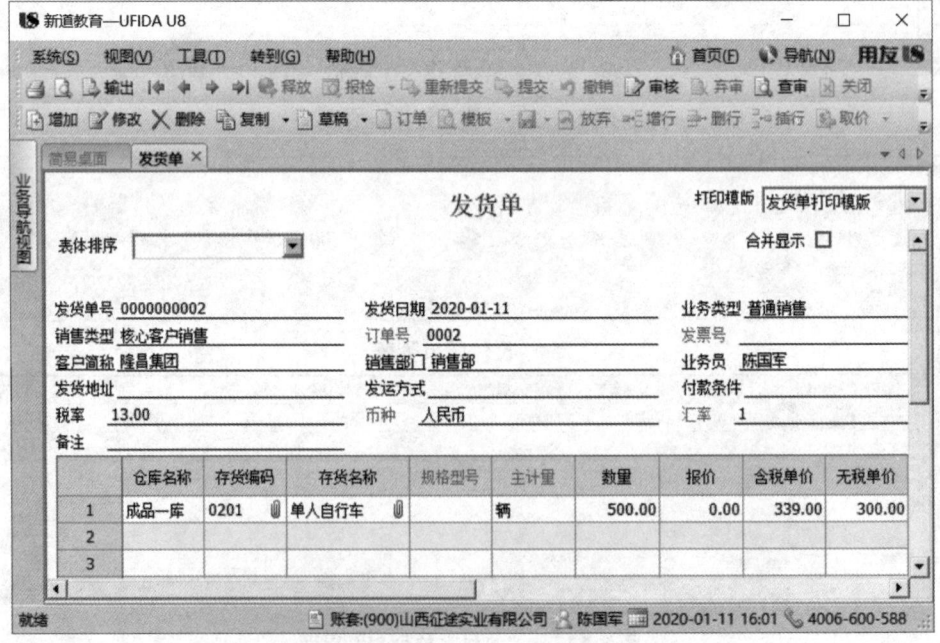

图6-114 应收款凭证

业务9(微课视频：WK05)

(1) 销售员X01在"销售管理"系统中，执行"销售发货"|"发货单"命令，进入"发货单"界面，单击"增加"按钮，参照1月3日销售订单生成发货单，保存并审核，如图6-115所示。

WK05.flv

图6-115 "发货单"界面

(2) 在"销售管理"系统中，执行"销售开票"|"销售专用发票"命令，进入"销售专

用发票"界面,单击"增加"按钮,参照发货单生成销售发票,保存后现结处理并复核,如图 6-116 所示。

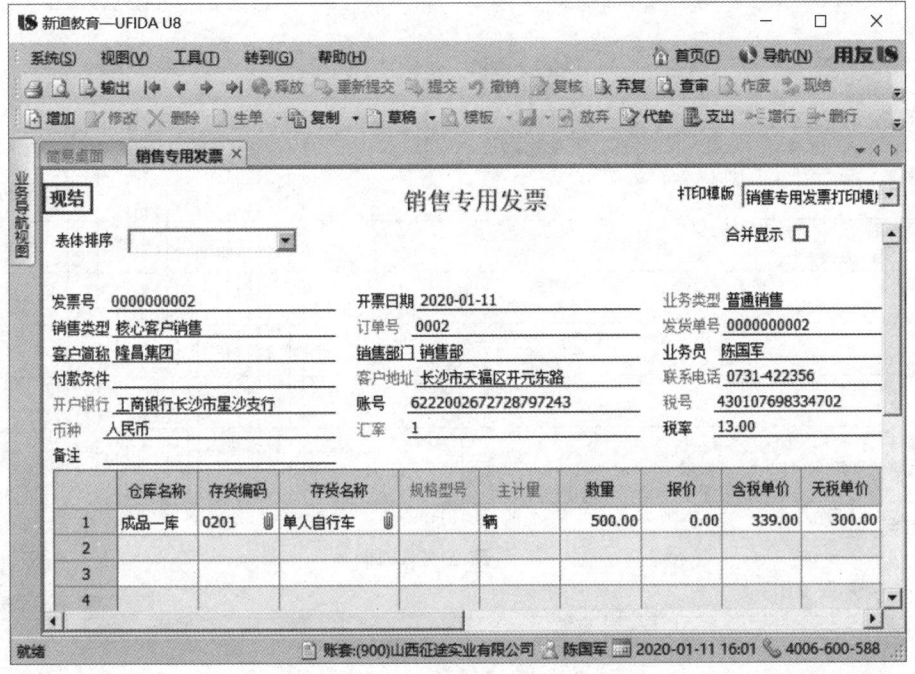

图 6-116 "销售专用发票"界面

(3) 财务会计 W02 在"应收款管理"系统中,审核销售发票,执行"制单处理"命令,选择"现结制单"选项,生成收款凭证,如图 6-117 所示。

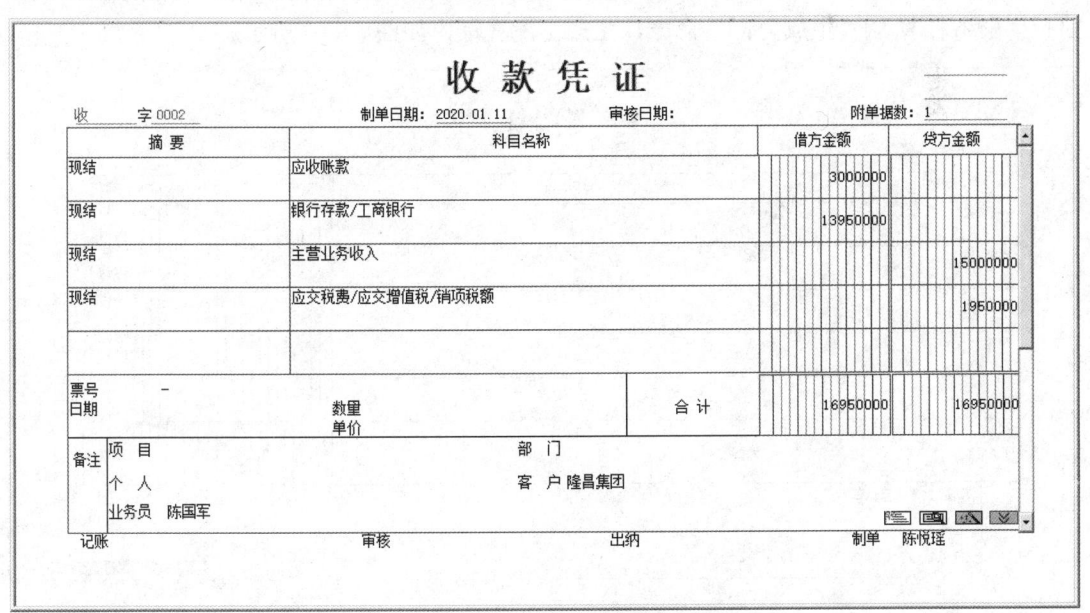

图 6-117 销售收款凭证

(4) 在"应收款管理"系统中,执行"核销处理"|"手工核销"命令,选择需要核销的

客户，录入核销金额，保存后执行“制单处理”命令，选择“核销制单”选项，生成预付冲应付的凭证，如图 6-118 所示。

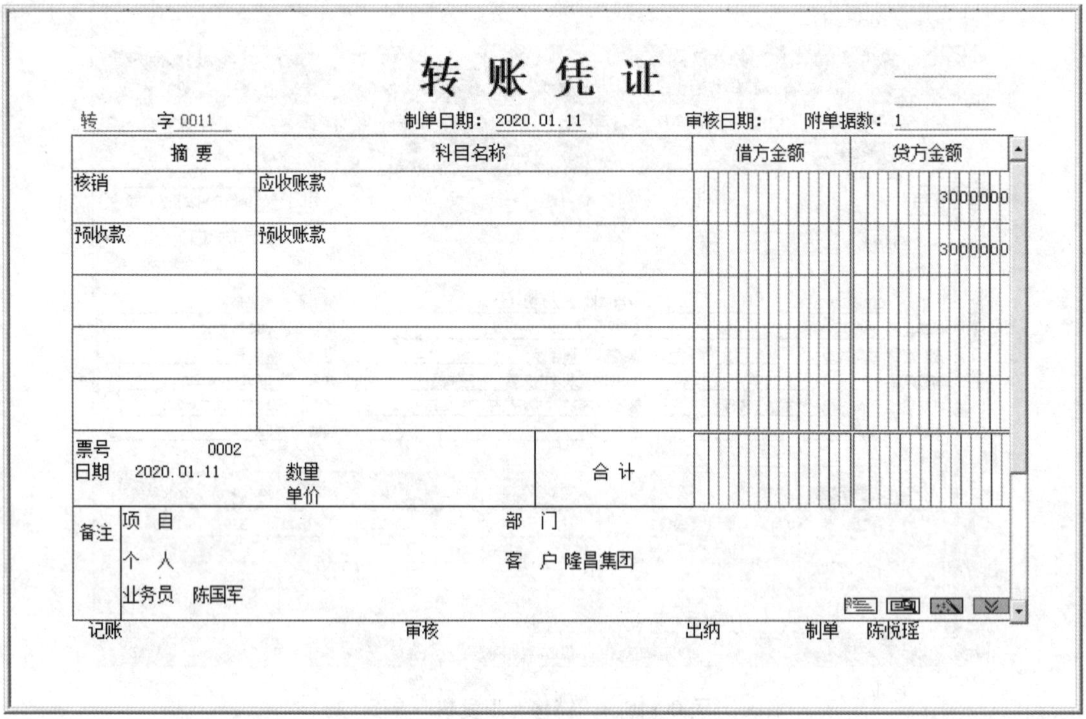

转账凭证

转 字 0011　　制单日期：2020.01.11　　审核日期：　　附单据数：1

摘要	科目名称	借方金额	贷方金额
核销	应收账款		3000000
预收款	预收账款		3000000
票号 0002 日期 2020.01.11　数量 单价	合计		

备注　项目　　部门

个人　　客户 隆昌集团

业务员 陈国军

记账　　审核　　出纳　　制单 陈悦瑶

图 6-118　预付冲应付凭证

(5) 在“存货核算”系统中，执行“业务核算”|“正常单据记账”命令，完成记账工作；执行“财务核算”|“生成凭证”命令，生成出库凭证，如图 6-119 所示。

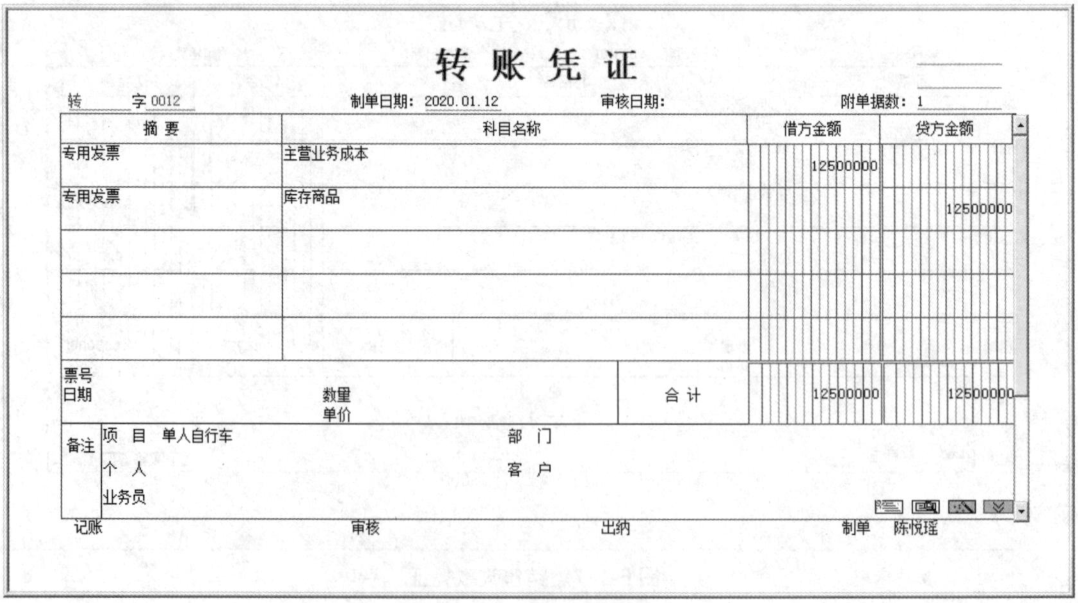

转账凭证

转 字 0012　　制单日期：2020.01.12　　审核日期：　　附单据数：1

摘要	科目名称	借方金额	贷方金额
专用发票	主营业务成本	12500000	
专用发票	库存商品		12500000
票号 日期　数量 单价	合计	12500000	12500000

备注　项目 单人自行车　　部门

个人　　客户

业务员

记账　　审核　　出纳　　制单 陈悦瑶

图 6-119　销售出库凭证

业务 10

(1) 仓管员 C01 在"库存管理"系统中,执行"出库业务"|"材料出库单"命令,进入"材料出库单"界面,单击"增加"按钮,依次增加两张材料出库单,保存并审核,如图 6-120、图 6-121 所示。

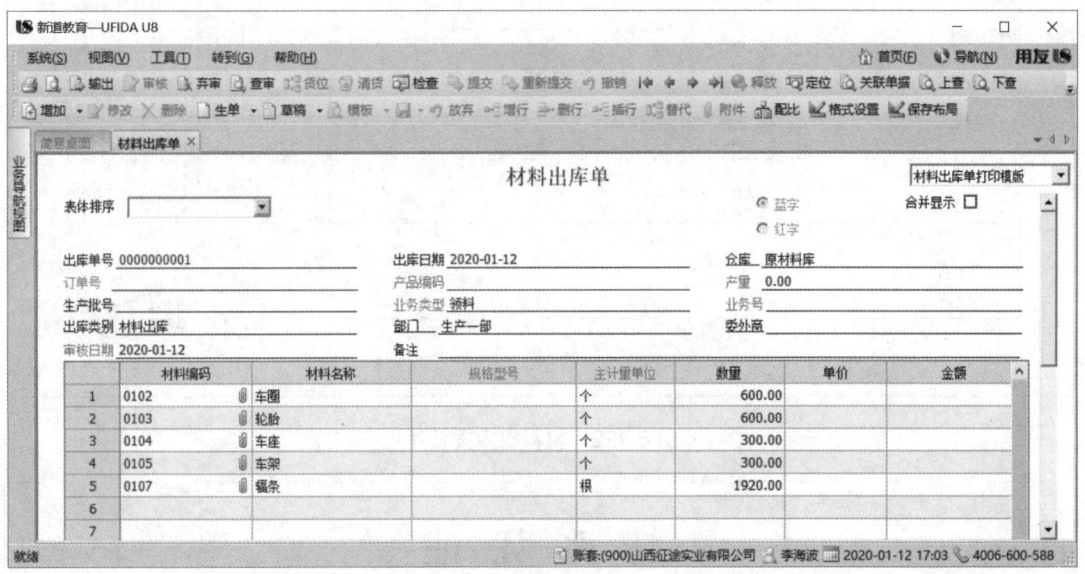

图 6-120 "材料出库单"界面 1

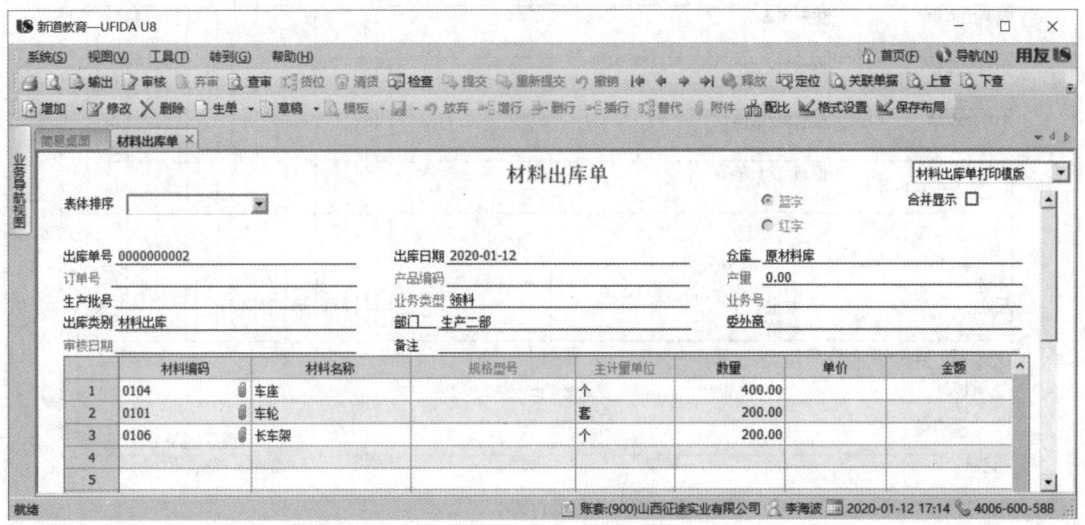

图 6-121 "材料出库单"界面 2

(2) 财务会计 W02 在"存货核算"系统中,执行"业务核算"|"正常单据记账"命令,完成记账工作;执行"财务核算"|"生成凭证"命令,分别生成两张出库凭证,如图 6-122、图 6-123 所示。

转 账 凭 证

转 字 0013 - 0001/0002 制单日期：2020.01.12 审核日期： 附单据数：1

摘要	科目名称	借方金额	贷方金额
材料出库单	生产成本	5722800	
材料出库单	原材料/车圈		1204200
材料出库单	原材料/轮胎		1230600
材料出库单	原材料/车座		1200000
材料出库单	原材料/车架		1800000
票号 日期	数量 单价	合计 5722800	5722800
备注	项目 单人自行车 部门 个 人 客 户 业务员		

记账　　　审核　　　出纳　　　制单 陈悦瑶

图 6-122　材料出库凭证 1

转 账 凭 证

转 字 0014 制单日期：2020.01.12 审核日期： 附单据数：1

摘要	科目名称	借方金额	贷方金额
材料出库单	生产成本	5619400	
材料出库单	原材料/车轮		1219400
材料出库单	原材料/车座		1600000
材料出库单	原材料/长车架		2800000
票号 日期	数量 单价	合计 5619400	5619400
备注	项目 双人自行车 部门 个 人 客 户 业务员		

记账　　　审核　　　出纳　　　制单 陈悦瑶

图 6-123　材料出库凭证 2

业务 11

总账会计 W04 在"总账"系统中，执行"凭证"|"填制凭证"命令，进入"填制凭证"界面，增加一张付款凭证，如图 6-124 所示。

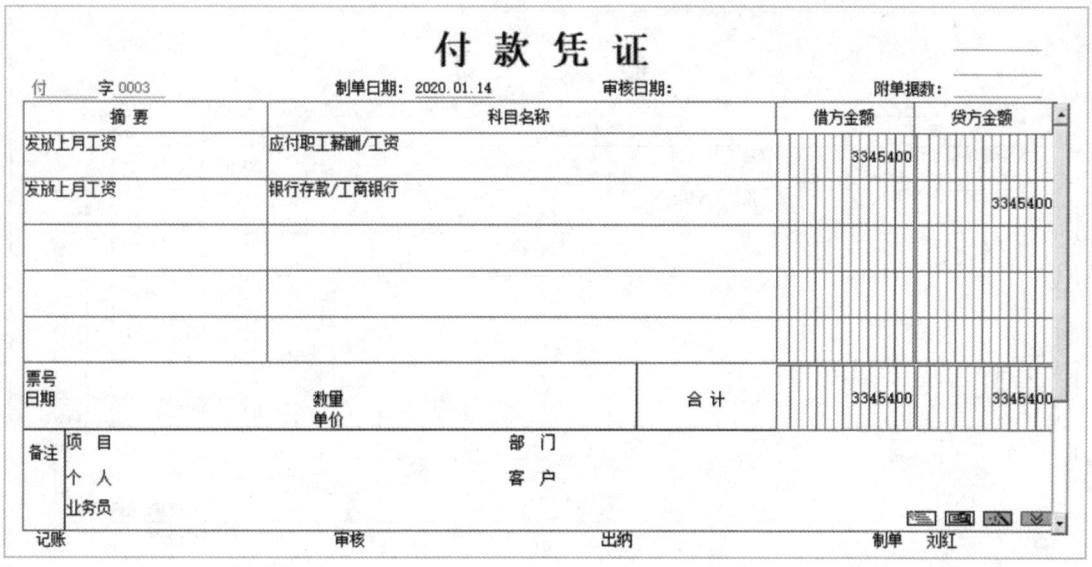

图 6-124　付款凭证——发放工资

业务 12

(1) 出纳 W03 在"应收款管理"系统中，执行"收款单据处理"|"收款单据录入"命令，进入"收款单"界面，单击"增加"按钮，录入收款信息并保存，如图 6-125 所示。

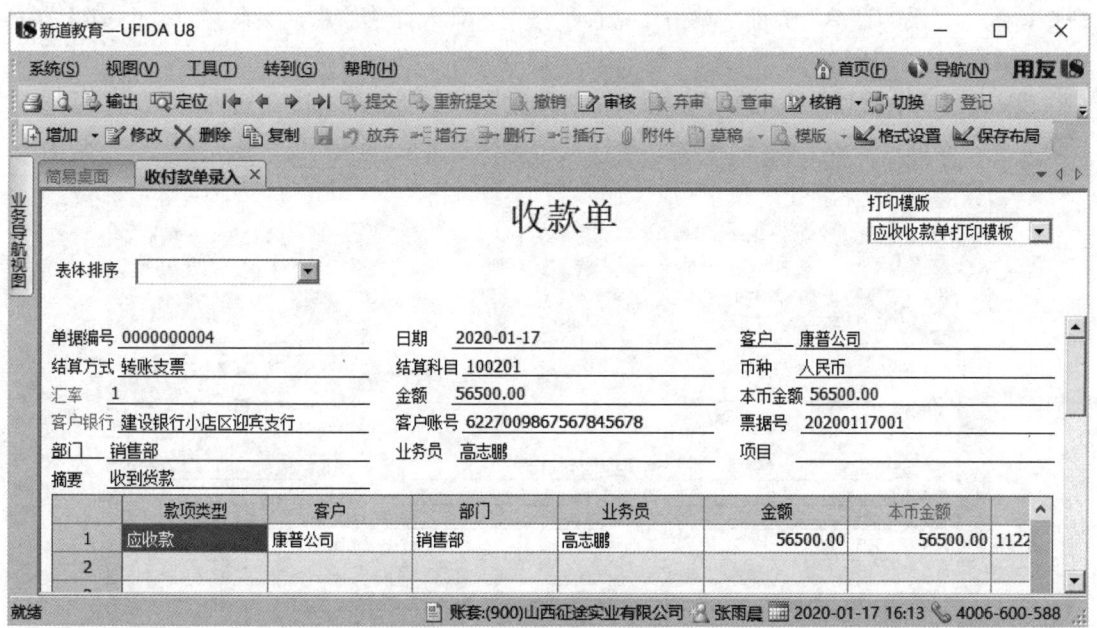

图 6-125　"收款单"界面

(2) 财务会计 W02 在"应收款管理"系统中，审核收款单，执行"制单处理"命令，生成收款凭证，如图 6-126 所示。

图 6-126　收款凭证

业务 13(微课视频：WK06)

(1) 采购员 G01 在"采购管理"系统中，执行"采购订货"|"采购订单"命令，进入"采购订单"界面，单击"增加"按钮，录入订单信息，保存并审核，如图 6-127 所示。

WK06.flv

(2) 在"采购管理"系统中，执行"采购到货"|"到货单"命令，进入"到货单"界面，单击"增加"按钮，参照订单生成到货单，保存并审核，如图 6-128 所示。

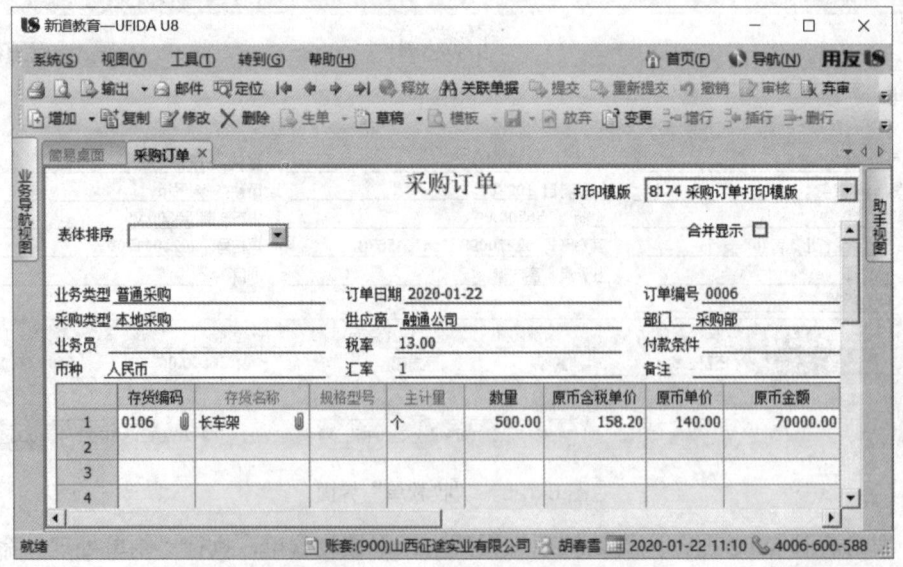

图 6-127　"采购订单"界面

(3) 采购员 G01 在"采购管理"系统中，执行"采购发票"|"专用采购发票"命令，进

入"专用发票"界面，单击"增加"按钮，生成采购专用发票，如图6-129所示。

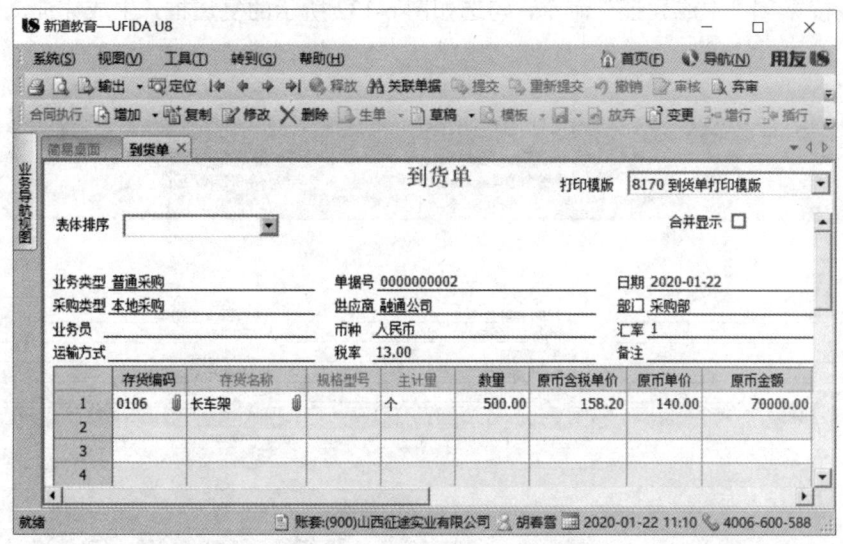

图6-128 "到货单"界面

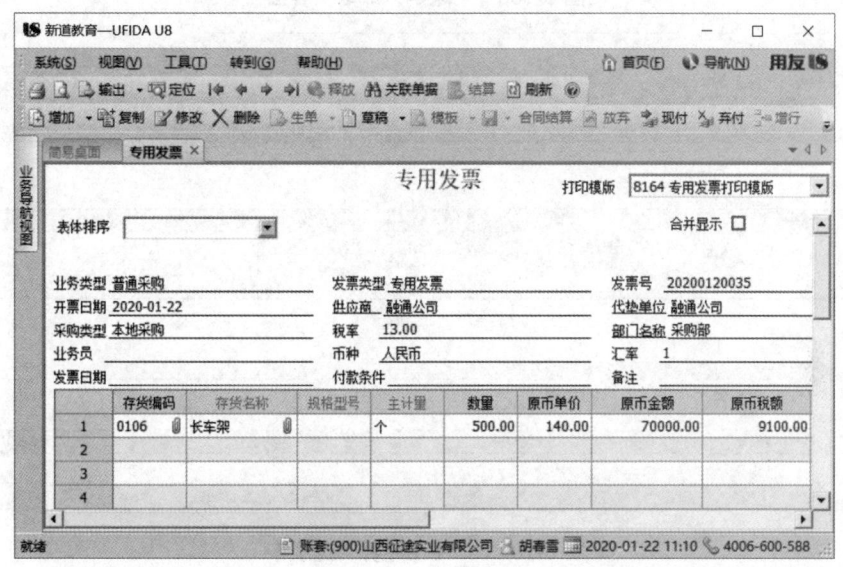

图6-129 "专用发票"界面

(4) 仓管员C01在"库存管理"系统中，执行"入库业务"|"采购入库单"命令，进入"采购入库单"界面，单击"生单"按钮，参照采购到货单(蓝字)生成采购入库单，修改入库数量，保存并审核，如图6-130所示。

(5) 在"采购管理"系统中，执行"采购结算"|"手工结算"命令，单击"选单"按钮，选择要结算的入库单和发票(注意结算数、合理损耗数和非合理损耗数)，完成结算，如图6-131所示。

(6) 财务会计W02在"应付款管理"系统中，执行"应付单据处理"|"应付单据审核"命令，完成采购发票审核，不制单。

(7) 在"存货核算"系统中,执行"业务核算"|"正常单据记账"命令,完成记账工作;执行"财务核算"|"生成凭证"命令,勾选如图 6-132 所示的复选框,生成凭证,如图 6-133 所示。

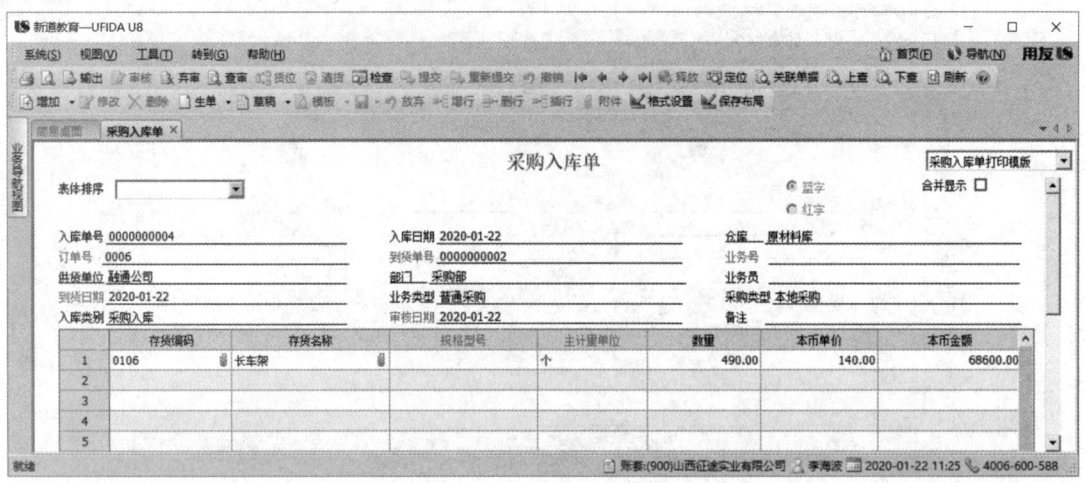

图 6-130 "采购入库单"界面

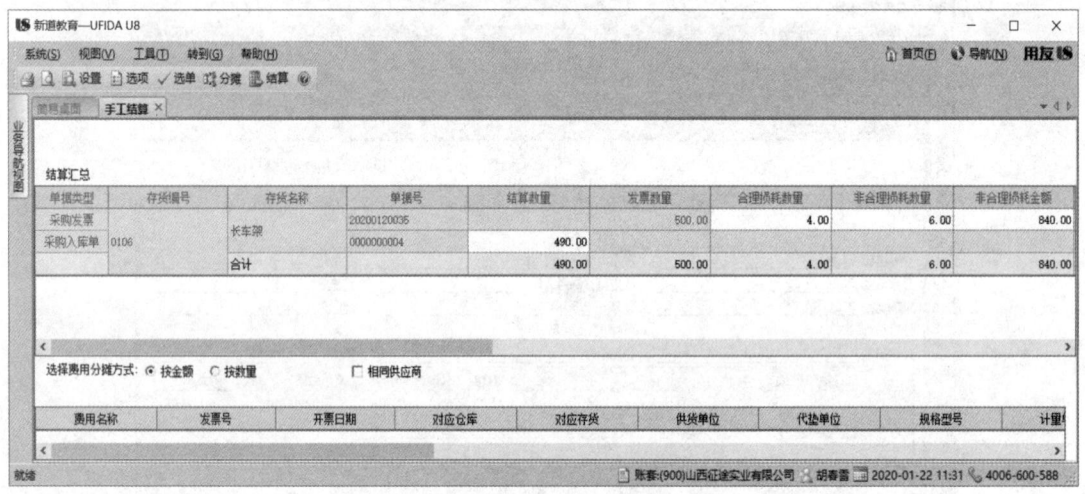

图 6-131 "手工结算"选项卡

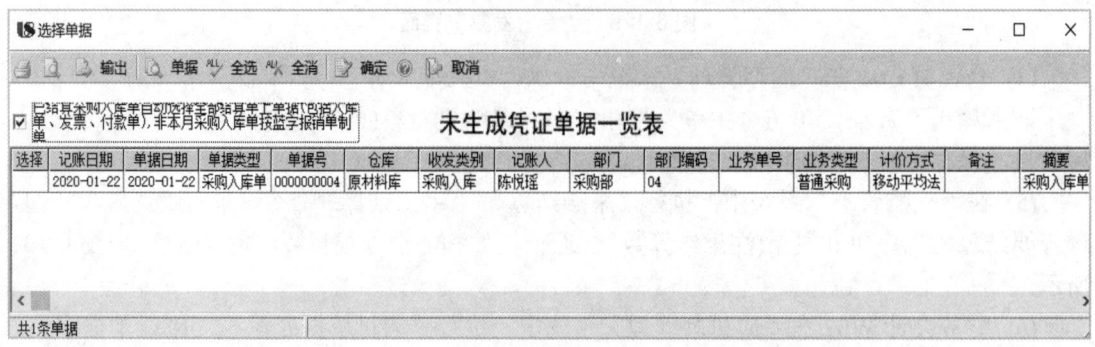

图 6-132 "未生成凭证单据一览表"界面

转账凭证

转 字 0015	制单日期：2020.01.22	审核日期：	附单据数：1
摘要	科目名称	借方金额	贷方金额
采购结算单	原材料/长车架	6916000	
采购结算单	待处理财产损溢	94920	
采购结算单	应交税费/应交增值税/进项税额	910000	
采购结算单	应交税费/应交增值税/进项税额转出		10920
采购结算单	应付账款/一般应付款		7910000
票号 日期	数量 490.00个 单价 141.14	合计 7910000	7910000

备注：项目　部门　个人　客户　业务员

记账　　审核　　出纳　　制单　陈悦瑶

图 6-133 采购应付凭证

业务 14

总账会计 W04 在"总账"系统中，执行"凭证"|"填制凭证"命令，进入"填制凭证"界面，增加一张转账凭证，如图 6-134 所示。

转账凭证

转 字 0016	制单日期：2020.01.23	审核日期：	附单据数：
摘要	科目名称	借方金额	贷方金额
结转非合理损耗	其他应收款	94920	
结转非合理损耗	待处理财产损溢		94920
票号 日期 2020.01.23	数量 单价	合计 94920	94920

备注：项目　部门 采购部　个人 胡春雪　客户　业务员

记账　　审核　　出纳　　制单 刘红

图 6-134 结转非合理损耗凭证

业务 15

(1) 仓管员 C01 在"库存管理"系统中,执行"入库业务"|"采购入库单"命令,进入"采购入库单"界面,单击"增加"按钮,选择"红字"选项,录入红字入库单,保存并审核,如图 6-135 所示。

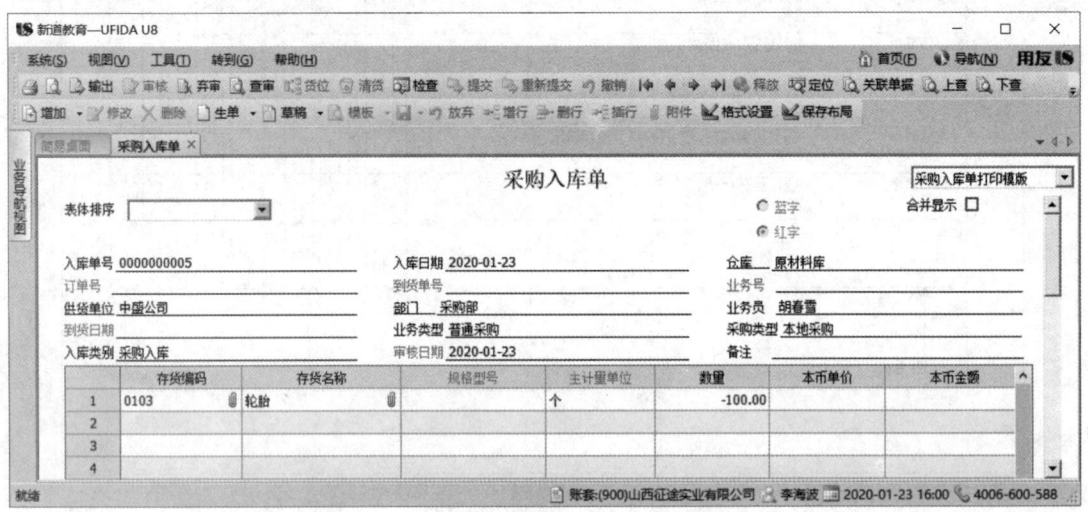

图 6-135 "采购入库单"界面

(2) 采购员 G01 在"采购管理"系统中,执行"采购发票"|"红字专用采购发票"命令,进入"专用发票"界面,参照红字入库单生成红字发票,如图 6-136 所示。然后执行"采购结算"|"自动结算"命令。

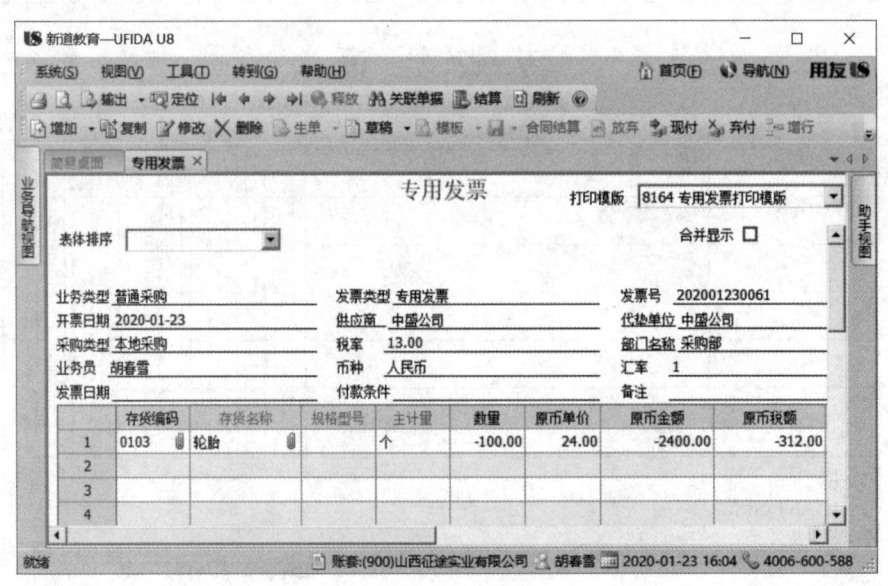

图 6-136 "专用发票"界面

(3) 在"应付款管理"系统中,执行"应付单据处理"|"应付单据审核"命令,完成红字采购发票审核,选择"制单处理"选项,生成退款凭证,如图 6-137 所示。

转账凭证

转 字 0017　　制单日期：2020.01.23　　审核日期：　　附单据数：1

摘要	科目名称	借方金额	贷方金额
采购专用发票	在途物资/轮胎	240000	
采购专用发票	应交税费/应交增值税/进项税额	31200	
采购专用发票	应付账款/一般应付款		271200
票号 日期	数量 单价 合计	271200	271200
备注	项目 部门 个人 客户 业务员		

记账　　审核　　出纳　　制单 陈悦瑶

图 6-137　采购应付凭证

(4) 财务会计 W02 在“存货核算”系统中，执行“业务核算”|“正常单据记账”命令，完成记账工作；执行“财务核算”|“生成凭证”命令，生成退货凭证，如图 6-138 所示。

转账凭证

转 字 0018　　制单日期：2020.01.23　　审核日期：　　附单据数：1

摘要	科目名称	借方金额	贷方金额
采购入库单	原材料/轮胎	240000	
采购入库单	在途物资/轮胎		240000
票号 日期	数量 -100.00个 单价 24.00 合计	240000	240000
备注	项目 部门 个人 客户 业务员		

记账　　审核　　出纳　　制单 陈悦瑶

图 6-138　采购退货凭证

业务 16

仓管员 C01 在“库存管理”系统中，执行“入库业务”|“产成品入库单”命令，进入“产

成品入库单"界面,单击"增加"按钮,依次录入产成品入库单,保存并审核,如图6-139、图6-140所示。

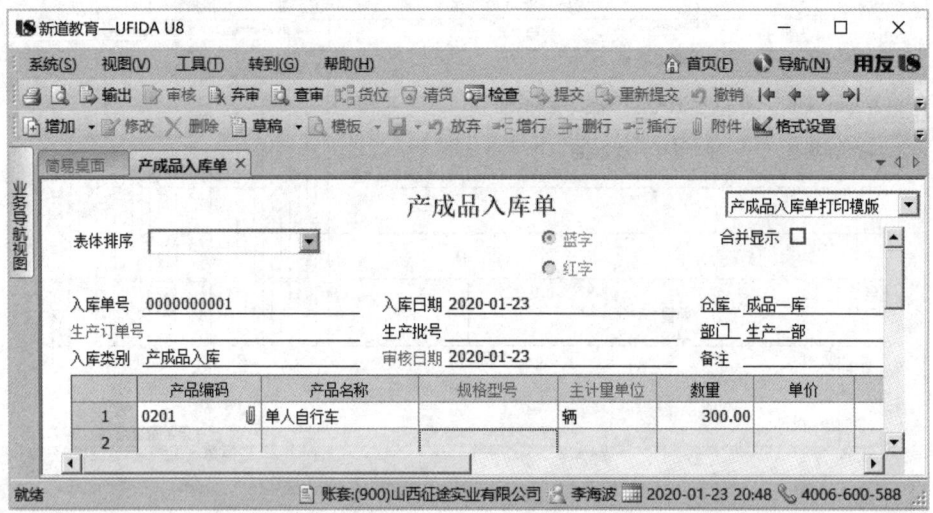

图6-139 "产成品入库单"界面——单人自行车

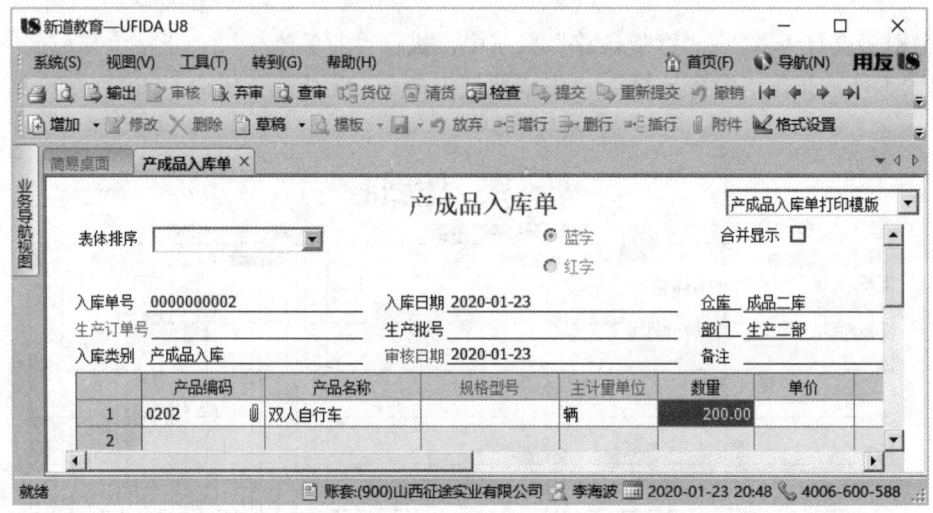

图6-140 "产成品入库单"界面——双人自行车

业务17

(1) 销售员X01在"销售管理"系统中,执行"委托代销"|"委托代销结算单"命令,进入"委托代销结算单"界面,单击"增加"按钮,参照委托代销发货单生成委托代销结算单,修改委托代销结算数量,保存并审核,选择审核生成的发票类型为"专用发票",如图6-141所示。

(2) 在"销售管理"系统中,执行"销售开票"|"销售专用发票"命令,进入"销售专用发票"界面,单击"末张"按钮,找到委托代销发票,单击"现结"按钮完成结算并复核,如图6-142所示。

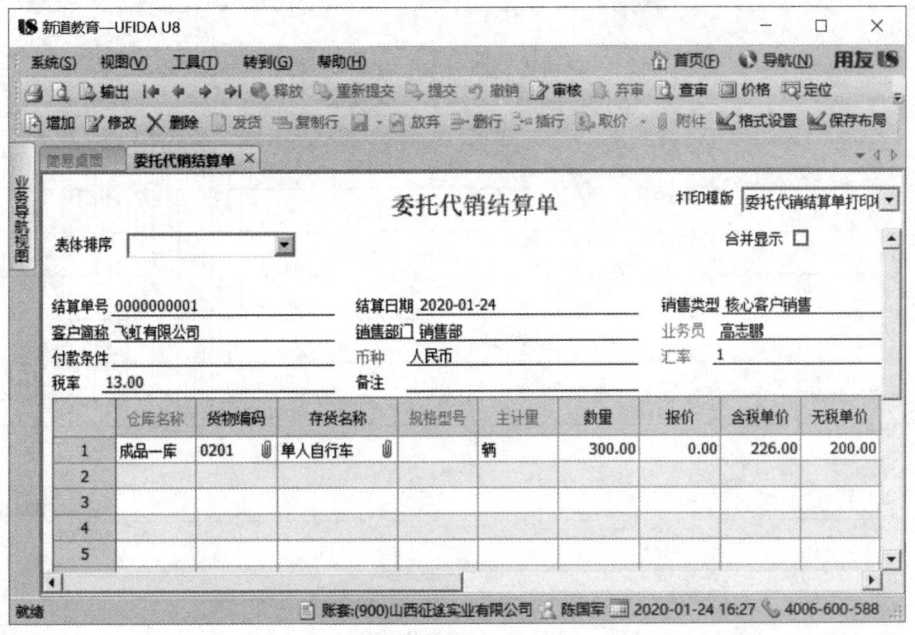

图 6-141 "委托代销结算单"界面

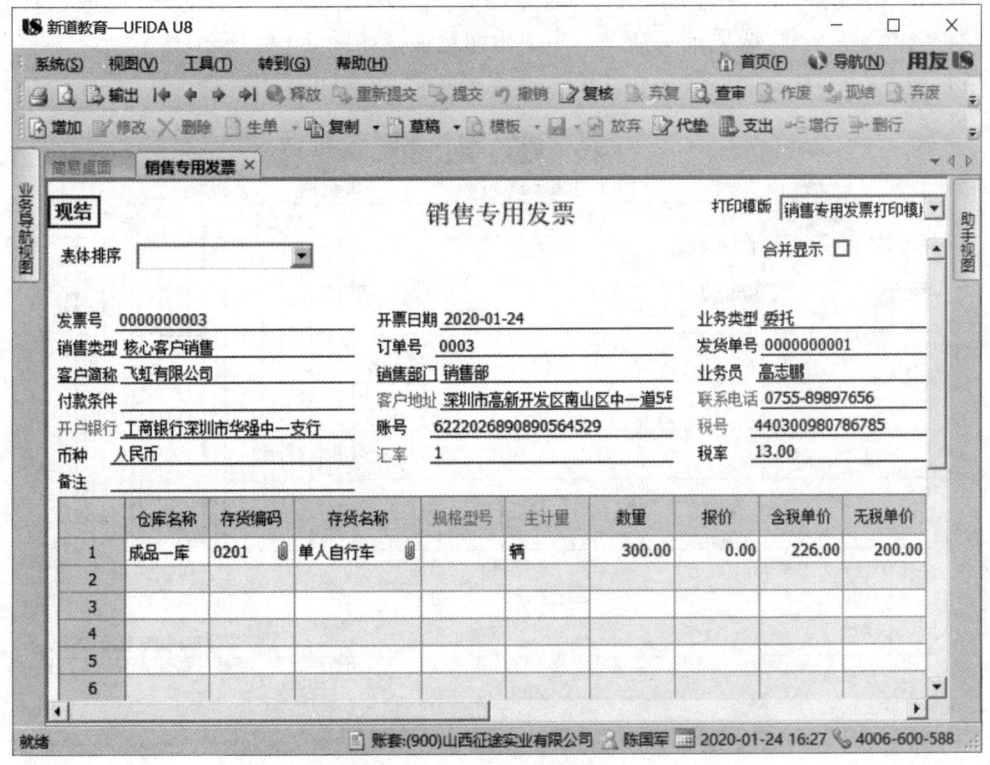

图 6-142 "销售专用发票"界面

(3) 财务会计 W02 在"应收管理"系统中,执行"应收单据处理"|"应收单据审核"命令,进入"应收单据列表"界面,审核单据;执行"制单处理"命令,生成收款凭证,如图 6-143 所示。

收 款 凭 证

收 字 0004　　制单日期：2020.01.24　　审核日期：　　附单据数：1

摘要	科目名称	借方金额	贷方金额
现结	银行存款/工商银行	6780000	
现结	主营业务收入		6000000
现结	应交税费/应交增值税/销项税额		780000
票号 202 - 2020012401 日期 2020.01.24	数量 单价　　合计	6780000	6780000
备注	项目　　部门 个人　　客户 业务员		

记账　　审核　　出纳　　制单 陈悦瑶

图 6-143　销售收款凭证

(4) 在“存货核算”系统中，执行“业务核算”|“发出商品记账”命令，完成记账工作；执行“财务核算”|“生成凭证”命令，生成出库凭证，如图 6-144 所示。

转 账 凭 证

转 字 0019　　制单日期：2020.01.24　　审核日期：　　附单据数：1

摘要	科目名称	借方金额	贷方金额
专用发票	主营业务成本	7500000	
专用发票	发出商品		7500000
票号 日期	数量 单价　　合计	7500000	7500000
备注	项目 单人自行车　　部门 个人　　客户 业务员		

记账　　审核　　出纳　　制单 陈悦瑶

图 6-144　销售出库凭证

业务 18(微课视频：WK07)

WK07.flv

财务会计 W02 在“应收款管理”系统中，执行“票据管理”命令，进入“票据管理”界面，找到对应票据进行结算，然后制单，生成收款凭证，如

图 6-145 所示。

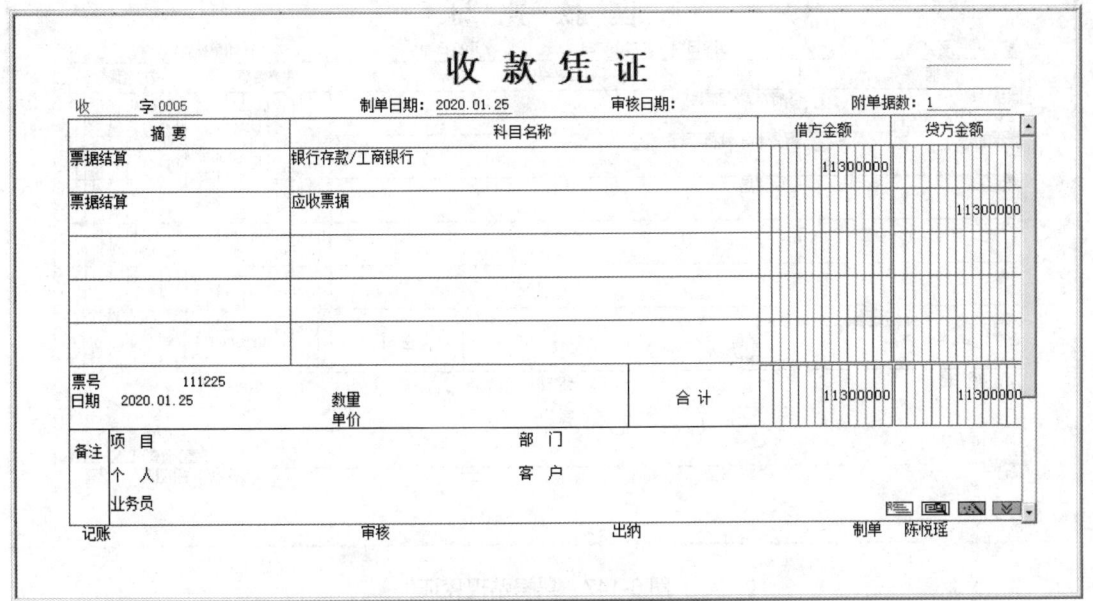

图 6-145 票据结算凭证

业务 19(微课视频：WK08)

贴现财务会计 W02 在"应收款管理"系统中，执行"票据管理"命令，进入"票据管理"界面，找到对应票据进行贴现(取整)，然后制单，生成收款凭证，如图 6-146、图 6-147 所示。

WK08.flv

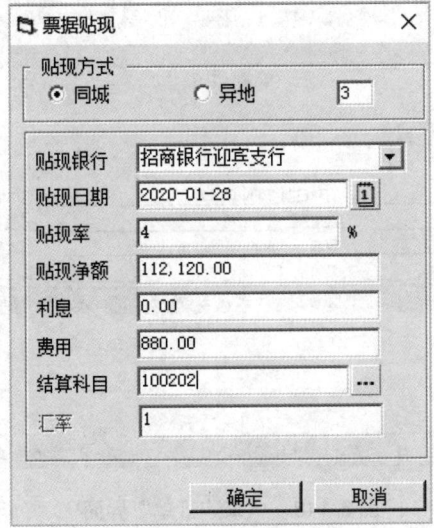

图 6-146 "票据贴现"对话框

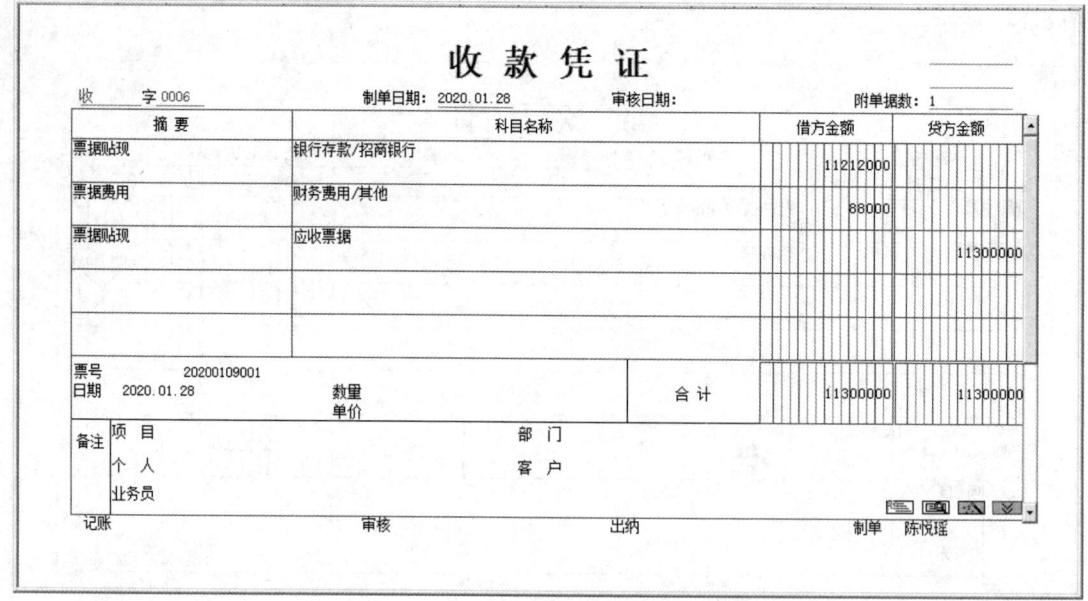

图 6-147 票据贴现凭证

业务 20

(1) 采购员 G01 在"采购管理"系统中,执行"采购订货"|"采购订单"命令,进入"采购订单"界面,单击"增加"按钮,录入订单信息,保存并审核,如图 6-148 所示。

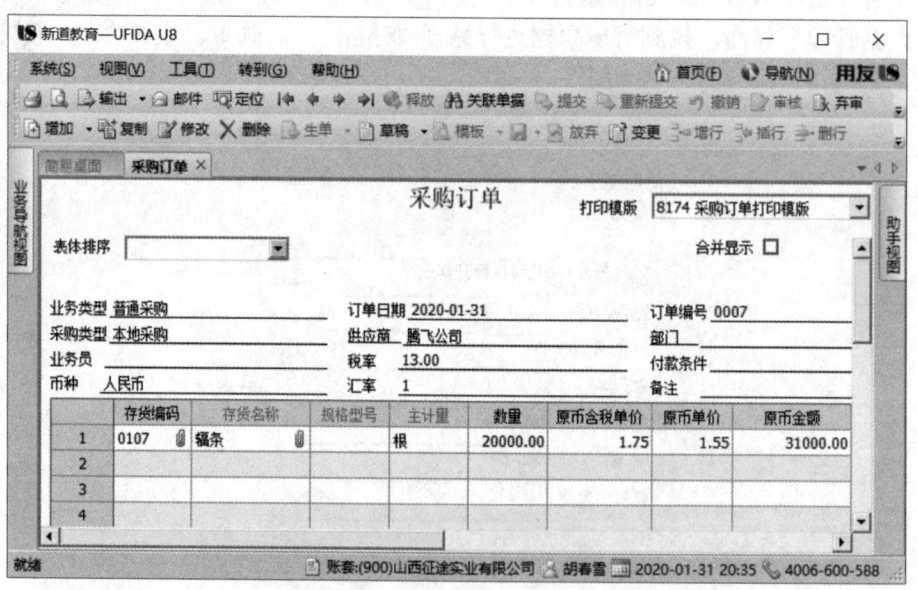

图 6-148 "采购订单"界面

(2) 在"采购管理"系统中,执行"采购到货"|"到货单"命令,进入"到货单"界面,单击"增加"按钮,参照订单生成到货单,保存并审核,如图 6-149 所示。

(3) 仓管员 C01 在"库存管理"系统中,执行"入库业务"|"采购入库单"命令,进入"采购入库单"界面,单击"生单"按钮,参照采购到货单(蓝字)生成采购入库单,修改入

库单价(参照期初估价)，保存并审核，如图6-150所示。

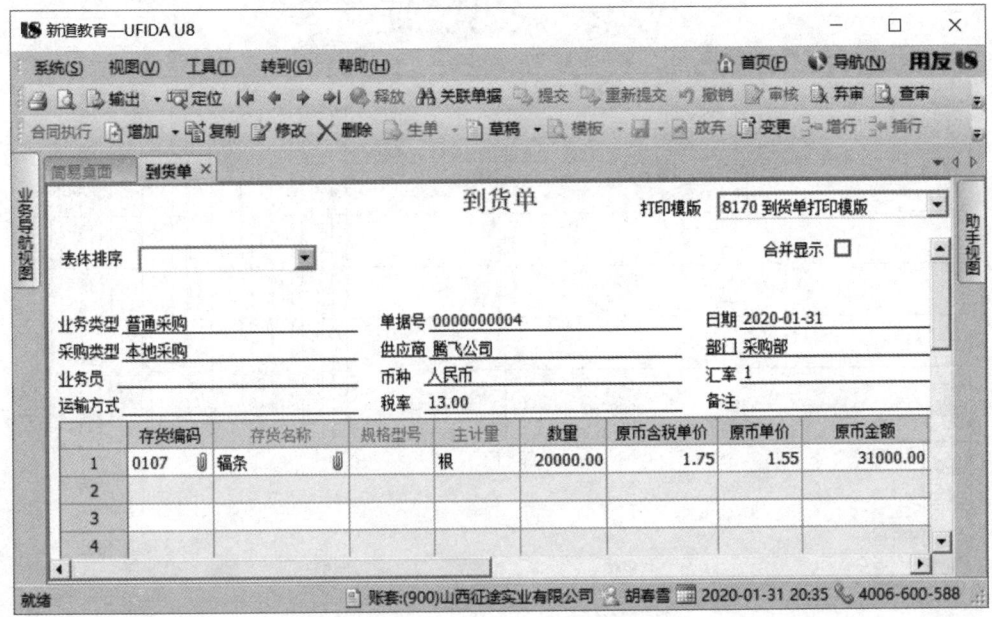

图6-149 "到货单"界面

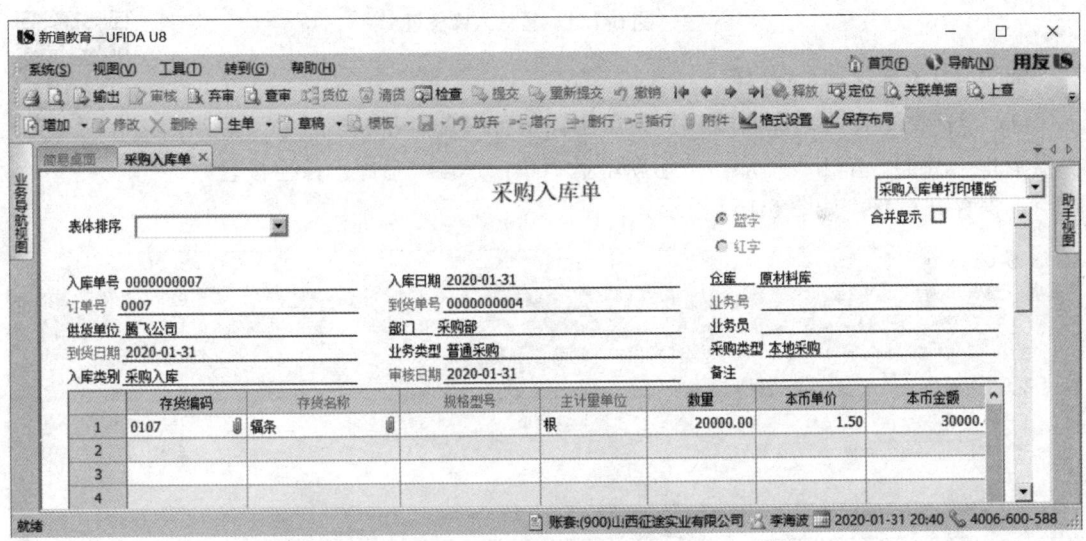

图6-150 "采购入库单"界面

(4) 财务会计 W02 在"存货核算"系统中，执行"业务核算"|"正常单据记账"命令，完成记账工作；执行"财务核算"|"生成凭证"命令，生成暂估入库凭证，如图6-151所示。

图 6-151 暂估入库凭证

业务 21(微课视频：WK09)

(1) 仓管员 C01 在"库存管理"系统中，执行"盘点业务"命令，进入"盘点单"界面，单击"增加"按钮新增盘点单，单击"盘库"按钮按仓库盘点，保存并审核，如图 6-152 所示。

WK09.flv

图 6-152 "盘点单"界面

(2) 执行"入库业务"|"其他入库单"命令,进入"其他入库单"界面,单击"末张"按钮,打开需要审核的其他入库单,进行审核,如图6-153所示。

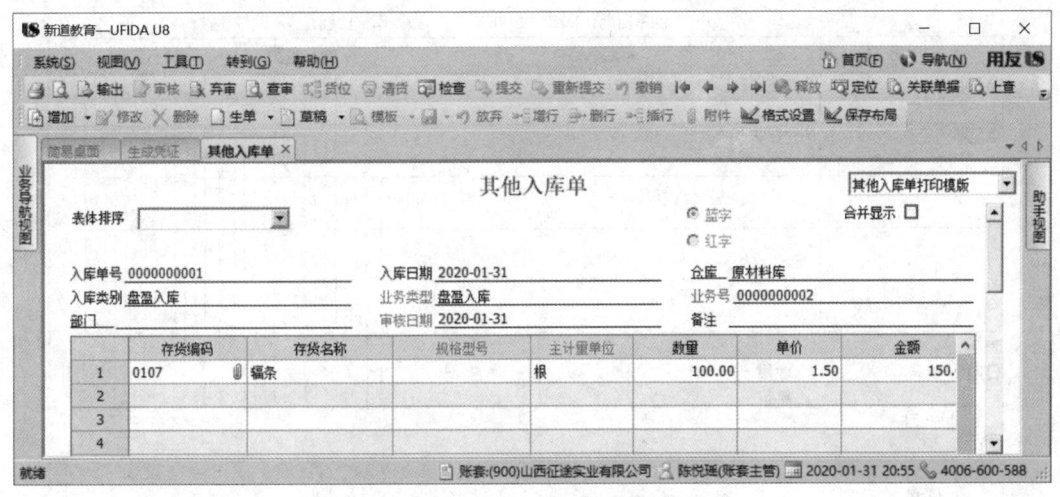

图 6-153　"其他入库单"界面

(3) 财务会计 W02 在"存货核算"系统中,执行"业务核算"|"正常单据记账"命令,完成记账工作;执行"财务核算"|"生成凭证"命令,生成盘盈入库凭证,如图6-154所示。

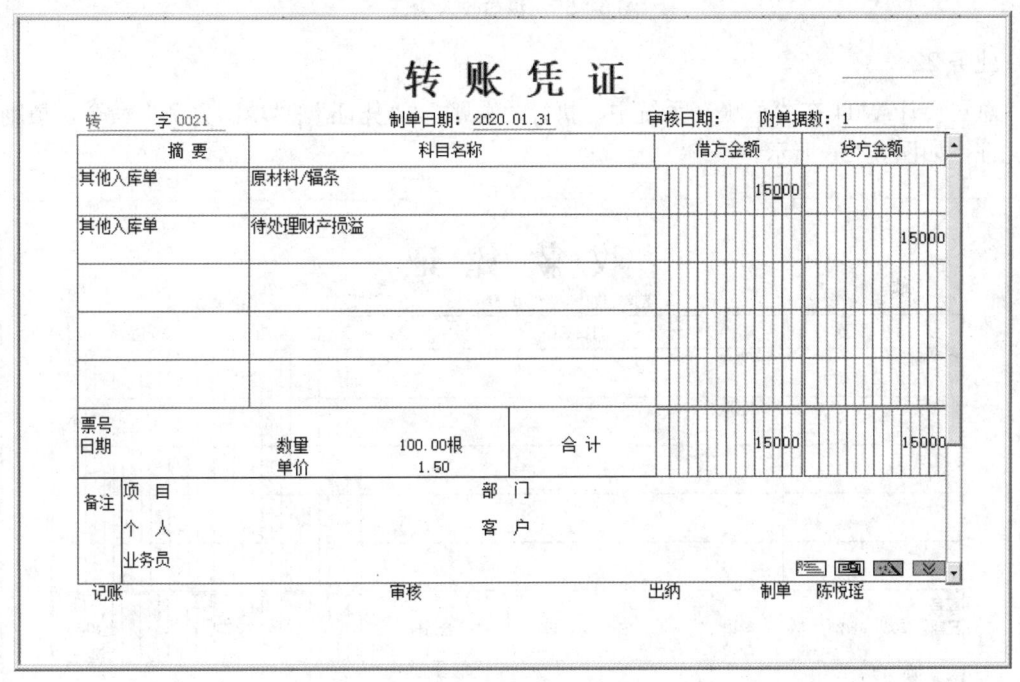

图 6-154　盘盈入库凭证

(4) 总账会计 W04 在"总账"系统中,执行"总账"|"凭证"|"填制凭证"命令,填制盘盈收入凭证,如图6-155所示。

转 账 凭 证

转 字 0022　　制单日期：2020.01.31　　审核日期：　　附单据数：1

摘要	科目名称	借方金额	贷方金额
盘盈收入	待处理财产损溢	15000	
盘盈收入	营业外收入		15000
票号 日期	数量 单价	合计 15000	15000

备注　项目　　部门

个人　　客户

业务员

记账　　审核　　出纳　　制单　刘红

图 6-155　盘盈收入凭证

业务 22

总账会计 W04 在“总账”系统中，执行“总账”|“凭证”|“填制凭证”命令，填制收款凭证，如图 6-156 所示。

收 款 凭 证

收 字 0007　　制单日期：2020.01.31　　审核日期：　　附单据数：1

摘要	科目名称	借方金额	贷方金额
收到赔款	库存现金	94920	
收到赔款	其他应收款		94920
票号 日期 2020.01.28	数量 单价	合计 94920	94920

备注　项目　　部门　采购部

个人　胡春雪　　客户

业务员

记账　　审核　　出纳　　制单　刘红

图 6-156　收到赔款凭证

业务 23

财务会计 W02 在“固定资产”系统中，执行“处理”|“计提本月折旧”命令，根据系统提示计提折旧，单击“凭证”按钮，生成折旧计提凭证，如图 6-157、图 6-158 所示。

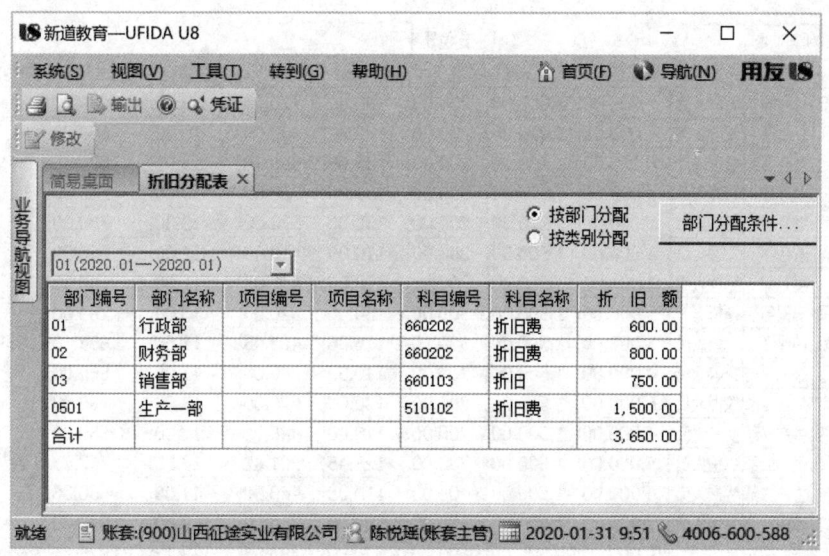

部门编号	部门名称	项目编号	项目名称	科目编号	科目名称	折 旧 额
01	行政部			660202	折旧费	600.00
02	财务部			660202	折旧费	800.00
03	销售部			660103	折旧	750.00
0501	生产一部			510102	折旧费	1,500.00
合计						3,650.00

图 6-157 “折旧分配表”选项卡

转账凭证

转 字 0023　　制单日期：2020.01.31　　审核日期：　　附单据数：1

摘 要	科目名称	借方金额	贷方金额
计提第[1]期间折旧	管理费用/折旧费	60000	
计提第[1]期间折旧	管理费用/折旧费	80000	
计提第[1]期间折旧	销售费用/折旧	75000	
计提第[1]期间折旧	制造费用/折旧费	150000	
计提第[1]期间折旧	累计折旧		365000
票号 日期	数量 单价　　合 计	365000	365000

备注　项 目　　部 门 行政部
个 人　　客 户
业务员

记账　　审核　　出纳　　制单 陈悦瑶

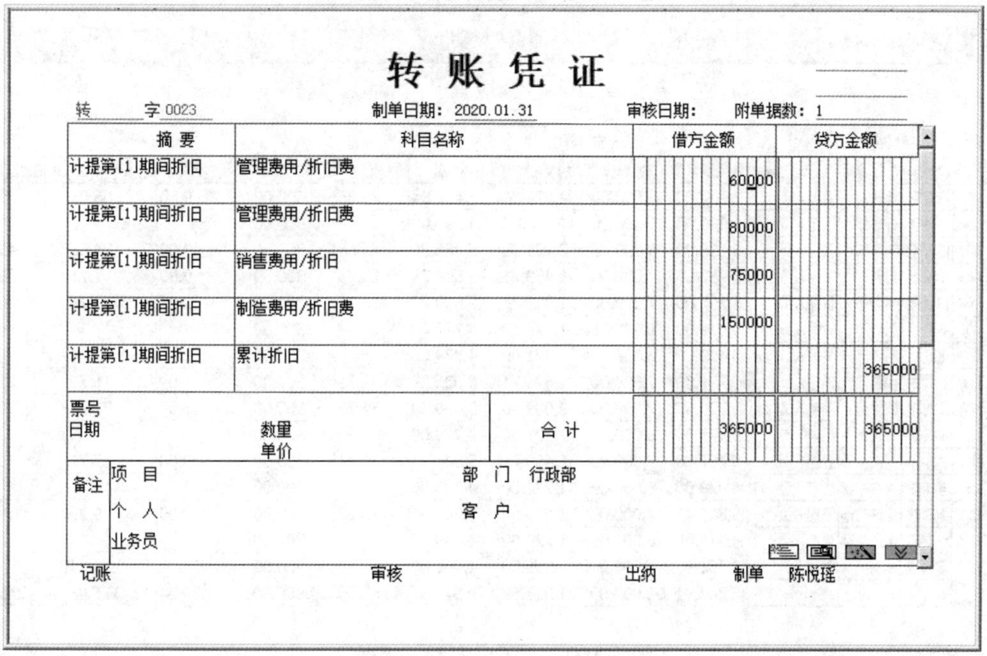

图 6-158 计提折旧凭证

业务 24

(1) 财务会计 W02 在“薪资管理”系统中，打开在职人员工资类别，执行“业务处理”|“工资变动”命令，进入“工资变动”界面，录入工资数据，计算并汇总，如图 6-159、

图 6-160 所示。

选择	员编	姓名	部门	人员类别	基本工资	职务补贴	绩效工资	医疗保险	养老保险	失业保险	住房公积金	缺勤扣款	缺勤天数
	001	郑晨阳	行政部	管理人员	7,000.00	2,000.00	200.00	180.00	720.00	18.00	1,080.00		
	002	徐静静	行政部	管理人员	4,000.00	1,000.00	200.00	100.00	400.00	10.00	600.00		
	003	陈光明	财务部	管理人员	6,000.00	1,500.00	200.00	139.09	556.36	13.91	834.55	545.45	2.00
	004	李凯波	财务部	管理人员	5,000.00	1,500.00	200.00	130.00	520.00	13.00	780.00		
	005	陈悦瑶	财务部	管理人员	5,000.00	1,500.00	200.00	130.00	520.00	13.00	780.00		
	006	张雨晨	财务部	管理人员	4,000.00	1,500.00	200.00	110.00	440.00	11.00	660.00		
	007	刘红	财务部	管理人员	4,000.00	1,500.00	200.00	110.00	440.00	11.00	660.00		
	008	陈国军	销售部	销售人员	5,000.00	1,500.00	500.00	130.00	520.00	13.00	780.00		
	009	高志鹏	销售部	销售人员	5,000.00	1,500.00	500.00	116.36	465.45	11.64	698.18	681.82	3.00
	010	胡春雪	采购部	采购人员	4,000.00	1,500.00	200.00	110.00	440.00	11.00	660.00		
	011	王少杰	生产一部	管理人员	5,000.00	1,500.00	200.00	130.00	520.00	13.00	780.00		
	012	李浩然	生产一部	生产人员	4,000.00	1,500.00	200.00	110.00	440.00	11.00	660.00		
	013	赵家辉	生产二部	管理人员	5,000.00	1,500.00	200.00	125.45	501.82	12.55	752.73	227.27	1.00
	014	张文杰	生产二部	生产人员	4,000.00	1,500.00	200.00	110.00	440.00	11.00	660.00		
	015	李海波	库房	管理人员	3,000.00	1,500.00	200.00	90.00	360.00	9.00	540.00		
合计					70,000.00	22,500.00	3,600.00	1,820.90	7,283.63	182.10	10,925.46	1,454.54	6.00

图 6-159 "工资变动"界面 1

选择	员编	姓名	部门	人员类别	计税工资	应发合计	扣款合计	实发合计	代扣税	年终奖	年终奖代扣税	工资代扣税	扣税合计
	001	郑晨阳	行政部	管理人员	7,202.00	9,500.00	2,073.06	7,426.94	75.06	300.00	9.00	66.06	75.06
	002	徐静静	行政部	管理人员	4,090.00	5,500.00	1,110.00	4,390.00		300.00			
	003	陈光明	财务部	管理人员	6,156.09	8,000.00	2,133.04	5,866.96	43.68	300.00	9.00	34.68	43.68
	004	李凯波	财务部	管理人员	5,257.00	7,000.00	1,459.71	5,540.29	16.71	300.00	9.00	7.71	16.71
	005	陈悦瑶	财务部	管理人员	5,257.00	7,000.00	1,459.71	5,540.29	16.71	300.00	9.00	7.71	16.71
	006	张雨晨	财务部	管理人员	4,479.00	6,000.00	1,221.00	4,779.00		300.00			
	007	刘红	财务部	管理人员	4,479.00	6,000.00	1,221.00	4,779.00		300.00			
	008	陈国军	销售部	销售人员	5,557.00	7,500.00	1,474.71	6,025.29	31.71	500.00	15.00	16.71	31.71
	009	高志鹏	销售部	销售人员	5,708.37	7,500.00	2,009.70	5,490.30	36.25	500.00	15.00	21.25	36.25
	010	胡春雪	采购部	采购人员	4,479.00	6,000.00	1,221.00	4,779.00		300.00			
	011	王少杰	生产一部	管理人员	5,257.00	7,000.00	1,459.71	5,540.29	16.71	300.00	9.00	7.71	16.71
	012	李浩然	生产一部	生产人员	4,479.00	6,000.00	1,221.00	4,779.00		300.00			
	013	赵家辉	生产二部	管理人员	5,307.45	7,000.00	1,638.04	5,361.96	18.22	300.00	9.00	9.22	18.22
	014	张文杰	生产二部	生产人员	4,479.00	6,000.00	1,221.00	4,779.00		300.00			
	015	李海波	库房	管理人员	3,701.00	5,000.00	999.00	4,001.00		300.00			
合计					75,887.91	01,000.00	21,921.68	79,078.32	255.05	4,900.00	84.00	171.05	255.05

图 6-160 "工资变动"界面 2

(2) 执行"业务处理"|"银行代发"命令,打开"银行代发一览表"界面,选择"工商银行新建南路分理处"选项,修改账号长度,单击"确定"按钮,如图 6-161 所示。

(3) 执行"业务处理"|"工资分摊"命令,打开"工资分摊"界面,选择计提类型和部门,勾选"明细到工资项目"和"按项目核算"复选框,单击"确定"按钮;打开"应付工

资一览表”界面，勾选“合并科目相同、辅助项相同的分录”复选框，单击“制单”按钮，生成相关凭证，如图 6-162 至图 6-167 所示。

银行代发一览表

名称：工商银行新建南路分理处　　人数：15

单位编号	人员编号	账号	金额	录入日期
1234934325	001	1001102008801	7426.94	20210127
1234934325	002	1001102008802	4390.00	20210127
1234934325	003	1001102008803	5866.96	20210127
1234934325	004	1001102008804	5540.29	20210127
1234934325	005	1001102008805	5540.29	20210127
1234934325	006	1001102008806	4779.00	20210127
1234934325	007	1001102008807	4779.00	20210127
1234934325	008	1001102008808	6025.29	20210127
1234934325	009	1001102008809	5490.30	20210127
1234934325	010	1001102008810	4779.00	20210127
1234934325	011	1001102008811	5540.29	20210127
1234934325	012	1001102008812	4779.00	20210127
1234934325	013	1001102008813	5361.96	20210127
1234934325	014	1001102008814	4779.00	20210127
1234934325	015	1001102008815	4001.00	20210127
合计			79,078.32	

图 6-161　“银行代发一览表”界面

转账凭证

转 字 0024 - 0001/0002　制单日期：2020.01.31　审核日期：　附单据数：0

摘要	科目名称	借方金额	贷方金额
应付工资	销售费用/工资	1500000	
应付工资	生产成本	600000	
应付工资	生产成本	600000	
应付工资	管理费用/工资	1500000	
应付工资	管理费用/工资	3400000	
票号 日期　数量 单价	合计	10100000	10100000

备注　项目　部门
个人　客户
业务员

记账　审核　出纳　制单 陈悦瑶

图 6-162　应付工资凭证 1

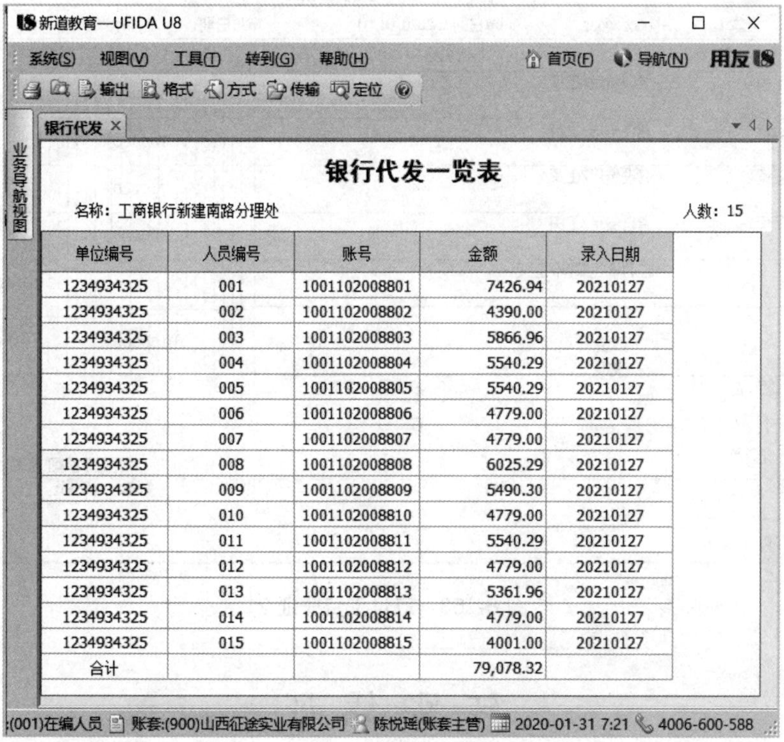

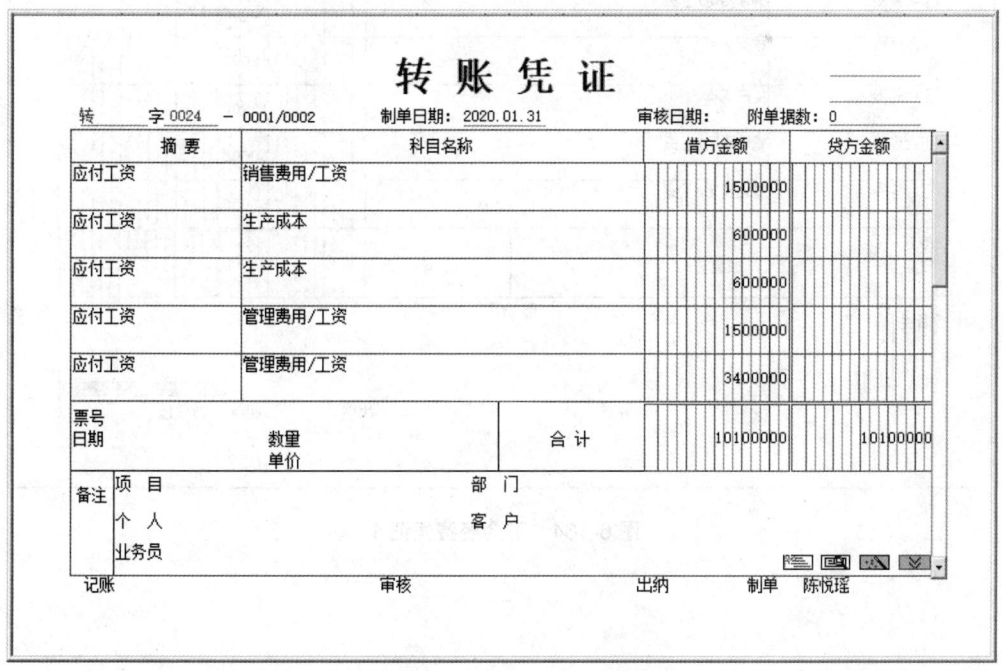

转账凭证

转 字 0024 - 0002/0002　　制单日期：2020.01.31　　审核日期：　　附单据数：0

摘要	科目名称	借方金额	贷方金额
应付工资	管理费用/工资	600000	
应付工资	管理费用/工资	700000	
应付工资	管理费用/工资	700000	
应付工资	管理费用/工资	500000	
应付工资	应付职工薪酬/工资		10100000
合计		10100000	10100000

备注　项目　部门 采购部　个人　客户　业务员

记账　　审核　　出纳　　制单 陈悦瑶

图 6-163　应付工资凭证 2

转账凭证

转 字 0025 - 0001/0002　　制单日期：2020.01.31　　审核日期：　　附单据数：0

摘要	科目名称	借方金额	贷方金额
工会经费	销售费用/工资	30000	
工会经费	生产成本	12000	
工会经费	生产成本	12000	
工会经费	管理费用/工资	30000	
工会经费	管理费用/工资	68000	
合计		202000	202000

备注　项目　部门　个人　客户　业务员

记账　　审核　　出纳　　制单 陈悦瑶

图 6-164　工会经费凭证 1

转账凭证

转　字 0025 - 0002/0002　　制单日期：2020.01.31　　审核日期：　　附单据数：0

摘要	科目名称	借方金额	贷方金额
工会经费	管理费用/工资	12000	
工会经费	管理费用/工资	14000	
工会经费	管理费用/工资	14000	
工会经费	管理费用/工资	10000	
工会经费	应付职工薪酬/工会经费		202000
	合计	202000	202000

部门 采购部

制单 陈悦瑶

图 6-165　工会经费凭证 2

转账凭证

转　字 0026 - 0001/0002　　制单日期：2020.01.31　　审核日期：　　附单据数：1

摘要	科目名称	借方金额	贷方金额
职工教育经费	销售费用/工资	120000	
职工教育经费	生产成本	48000	
职工教育经费	生产成本	48000	
职工教育经费	管理费用/工资	120000	
职工教育经费	管理费用/工资	272000	
	合计	808000	808000

制单 陈悦瑶

图 6-166　职工教育经费凭证 1

转 账 凭 证

转　字 0026 - 0002/0002　　制单日期：2020.01.31　　审核日期：　　附单据数：1

摘　要	科目名称	借方金额	贷方金额
职工教育经费	管理费用/工资	48000	
职工教育经费	管理费用/工资	56000	
职工教育经费	管理费用/工资	56000	
职工教育经费	管理费用/工资	40000	
职工教育经费	应付职工薪酬/职工教育经费		808000
票号 日期	数量 单价	合　计　　808000	808000
备注	项　目 个　人 业务员	部　门　采购部 客　户	

记账　　　　　审核　　　　　出纳　　　制单 陈悦瑶

图 6-167　职工教育经费凭证 2

第七章 会计信息化环境下的期末处理及报表编制

【本章提要】

本章主要内容包括总账管理系统期末的自动转账业务、各子系统的期末处理，为期末财务报表的编制提供依据。通过本章的学习，使学生能够熟悉企业会计信息化环境下各子系统的期末处理及财务报表的编制。

【学习目标】

1. 掌握固定资产管理系统、薪资管理系统、供应链各子系统及总账管理系统的期末处理。
2. 掌握 UFO 报表的编制。
3. 熟悉 UFO 报表的数据处理功能，并能熟练进行报表管理。

第一节 期末处理

一、自动转账

业务 1(微课视频：WK10)

31 日，结转本月未交增值税(增加自定义转账凭证，以应交增值税期末余额为基数，贷方使用 JG()函数，转账序号：0005)。

(1) 财务会计 W03 在"总账"系统中，执行"凭证"|"出纳签字"命令，出纳对总账系统的相关凭证进行签字。

(2) 出纳签字完成后，总账会计 W01 在"总账"系统中，执行"凭证"|"审核凭证"命令，对总账系统的所有凭证进行审核，如图 7-1 所示；并对总账系统的所有凭证进行记账，如图 7-2 所示。

WK10.flv

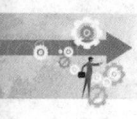

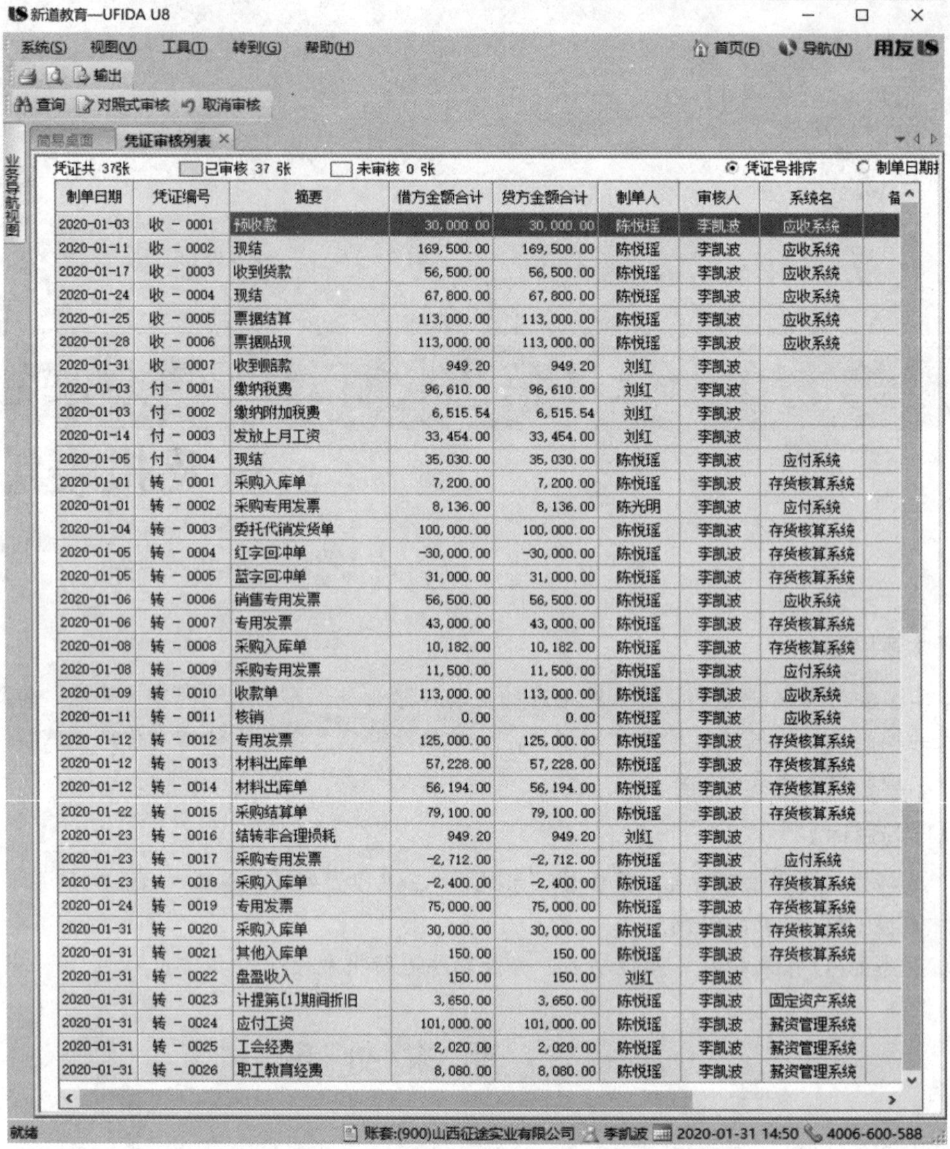

制单日期	凭证编号	摘要	借方金额合计	贷方金额合计	制单人	审核人	系统名
2020-01-03	收 - 0001	预收款	30,000.00	30,000.00	陈悦瑶	李凯波	应收系统
2020-01-11	收 - 0002	现结	169,500.00	169,500.00	陈悦瑶	李凯波	应收系统
2020-01-17	收 - 0003	收到货款	56,500.00	56,500.00	陈悦瑶	李凯波	应收系统
2020-01-24	收 - 0004	现结	67,800.00	67,800.00	陈悦瑶	李凯波	应收系统
2020-01-25	收 - 0005	票据结算	113,000.00	113,000.00	陈悦瑶	李凯波	应收系统
2020-01-28	收 - 0006	票据贴现	113,000.00	113,000.00	陈悦瑶	李凯波	应收系统
2020-01-31	收 - 0007	收到赔款	949.20	949.20	刘红	李凯波	
2020-01-03	付 - 0001	缴纳税费	96,610.00	96,610.00	刘红	李凯波	
2020-01-03	付 - 0002	缴纳附加税费	6,515.54	6,515.54	刘红	李凯波	
2020-01-14	付 - 0003	发放上月工资	33,454.00	33,454.00	刘红	李凯波	
2020-01-05	付 - 0004	现结	35,030.00	35,030.00	陈悦瑶	李凯波	应付系统
2020-01-01	转 - 0001	采购入库单	7,200.00	7,200.00	陈悦瑶	李凯波	存货核算系统
2020-01-01	转 - 0002	采购专用发票	8,136.00	8,136.00	陈光明	李凯波	应付系统
2020-01-04	转 - 0003	委托代销发货单	100,000.00	100,000.00	陈悦瑶	李凯波	存货核算系统
2020-01-05	转 - 0004	红字回冲单	-30,000.00	-30,000.00	陈悦瑶	李凯波	存货核算系统
2020-01-05	转 - 0005	蓝字回冲单	31,000.00	31,000.00	陈悦瑶	李凯波	存货核算系统
2020-01-06	转 - 0006	销售专用发票	56,500.00	56,500.00	陈悦瑶	李凯波	应收系统
2020-01-06	转 - 0007	专用发票	43,000.00	43,000.00	陈悦瑶	李凯波	存货核算系统
2020-01-08	转 - 0008	采购入库单	10,182.00	10,182.00	陈悦瑶	李凯波	存货核算系统
2020-01-08	转 - 0009	采购专用发票	11,500.00	11,500.00	陈悦瑶	李凯波	应付系统
2020-01-09	转 - 0010	收款单	113,000.00	113,000.00	陈悦瑶	李凯波	应收系统
2020-01-11	转 - 0011	核销	0.00	0.00	陈悦瑶	李凯波	应收系统
2020-01-12	转 - 0012	专用发票	125,000.00	125,000.00	陈悦瑶	李凯波	存货核算系统
2020-01-12	转 - 0013	材料出库单	57,228.00	57,228.00	陈悦瑶	李凯波	存货核算系统
2020-01-12	转 - 0014	材料出库单	56,194.00	56,194.00	陈悦瑶	李凯波	存货核算系统
2020-01-22	转 - 0015	采购结算单	79,100.00	79,100.00	陈悦瑶	李凯波	存货核算系统
2020-01-23	转 - 0016	结转非合理损耗	949.20	949.20	刘红	李凯波	
2020-01-23	转 - 0017	采购专用发票	-2,712.00	-2,712.00	陈悦瑶	李凯波	应付系统
2020-01-23	转 - 0018	采购入库单	-2,400.00	-2,400.00	陈悦瑶	李凯波	存货核算系统
2020-01-24	转 - 0019	专用发票	75,000.00	75,000.00	陈悦瑶	李凯波	存货核算系统
2020-01-31	转 - 0020	采购入库单	30,000.00	30,000.00	陈悦瑶	李凯波	存货核算系统
2020-01-31	转 - 0021	其他入库单	150.00	150.00	陈悦瑶	李凯波	存货核算系统
2020-01-31	转 - 0022	盘盈收入	150.00	150.00	刘红	李凯波	
2020-01-31	转 - 0023	计提第[1]期间折旧	3,650.00	3,650.00	陈悦瑶	李凯波	固定资产系统
2020-01-31	转 - 0024	应付工资	101,000.00	101,000.00	陈悦瑶	李凯波	薪资管理系统
2020-01-31	转 - 0025	工会经费	2,020.00	2,020.00	陈悦瑶	李凯波	薪资管理系统
2020-01-31	转 - 0026	职工教育经费	8,080.00	8,080.00	陈悦瑶	李凯波	薪资管理系统

图 7-1 “凭证审核列表”选项卡

(3) 财务会计 W02 在“总账”系统中，执行“期末”|“转账定义”|“自定义转账”命令，进入“自定义转账设置”窗口，单击“增加”按钮，打开“转账设置”对话框，输入转账序号、转账说明和凭证类别，如图 7-3 所示。

(4) 执行“期末”|“转账生成”命令，进入“自定义转账设置”窗口，选择“结转未交增值税”选项，生成转账凭证，如图 7-4 所示，审核并记账。

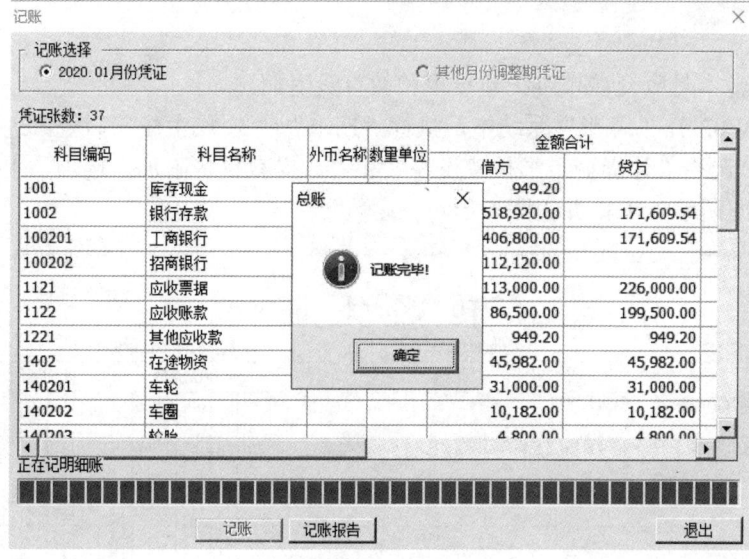

图 7-2 "记账"对话框

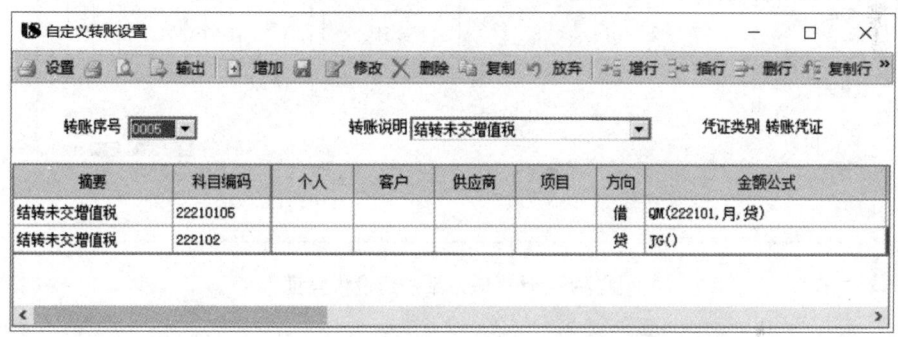

图 7-3 "自定义转账设置"窗口——结转未交增值税

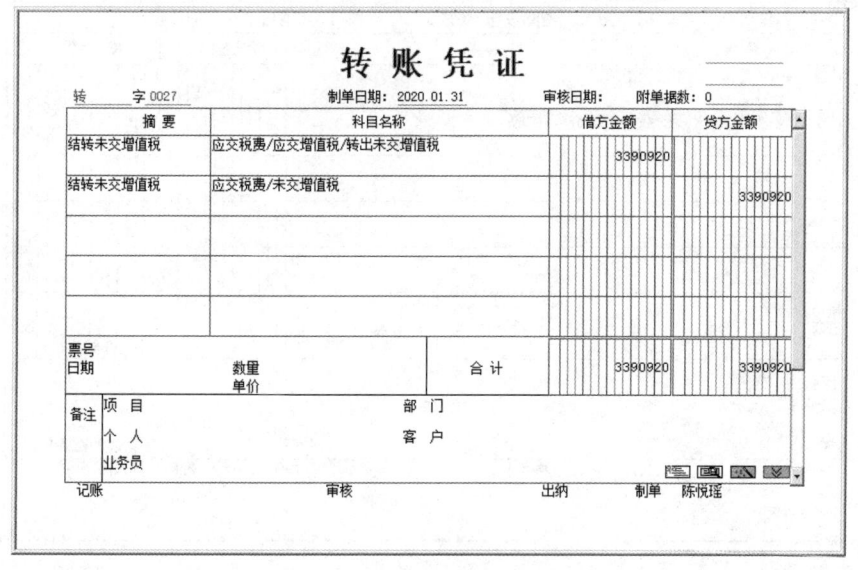

图 7-4 结转未交增值税凭证

业务 2

31 日,结转本月应交城市维护建设税和教育费附加。

财务会计 W02 在"总账"系统中,执行"期末"|"转账生成"命令,进入"自定义转账设置"窗口,选择"计提城市维护建设税"和"计提教育费附加"选项,生成转账凭证,如图 7-5、图 7-6 所示,审核并记账。

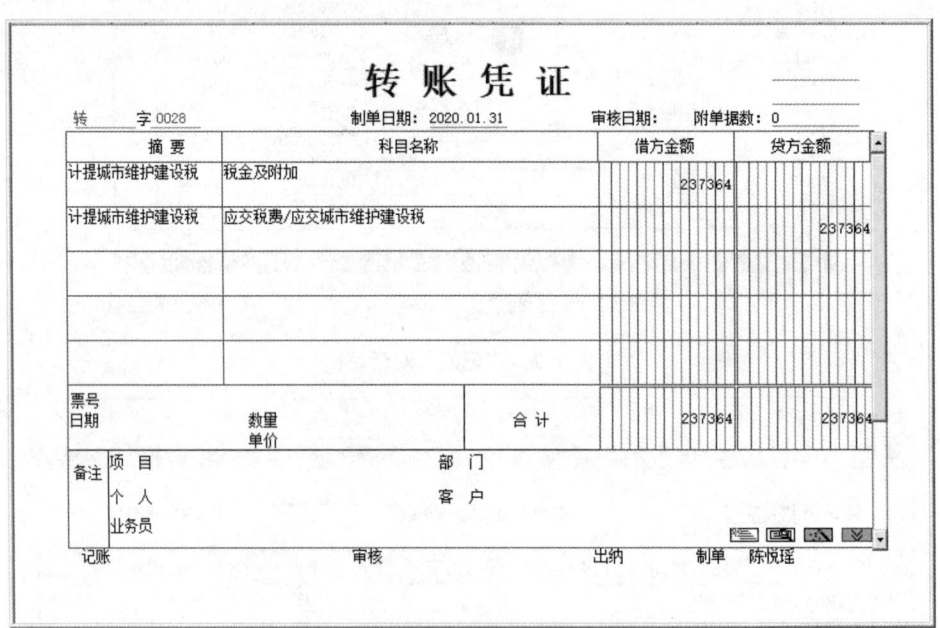

图 7-5　计提城市维护建设税凭证

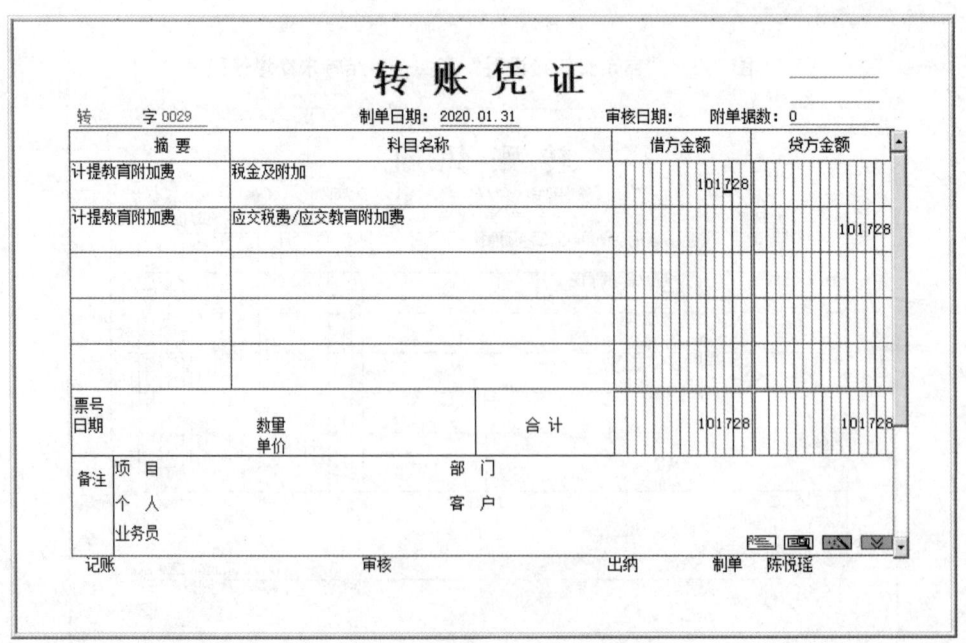

图 7-6　计提教育费附加凭证

业务 3(微课视频：WK11)

31 日，结转制造费用到生产成本(生产一部与生产二部制造费用比例按照 3∶2 分摊，生产一部全部分摊到单人自行车项目，生产二部全部分摊到双人自行车项目中去。自定义转账，转账序号：0006，借方使用 QM()函数，贷方使用 FS()函数)。

WK11.flv

(1) 财务会计 W02 在"总账"系统中，执行"期末"|"转账定义"|"自定义转账"命令，进入"自定义转账设置"窗口，单击"增加"按钮，打开"转账目录"对话框，输入转账序号、转账说明和凭证类别，单击"确定"按钮。在"自定义转账设置"窗口，单击"增加"按钮，定义"结转制造费用"，如图 7-7 所示。

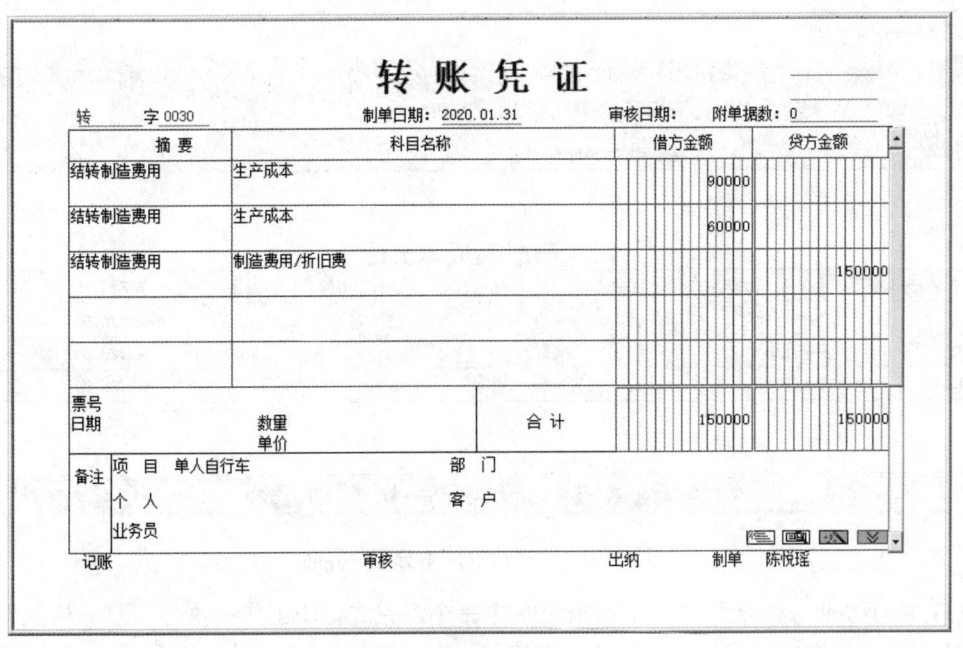

图 7-7 "自定义转账设置"窗口——结转制造费用

(2) 执行"期末"|"转账生成"命令，进入"自定义转账设置"窗口，选择"结转制造费用"选项，生成转账凭证，审核并记账，如图 7-8 所示。

图 7-8 结转制造费用凭证

业务 4(微课视频：WK12)

31 日，将本月的生产成本分配到产成品中。

(1) 财务会计 W02 在"总账"系统中，执行"账表"|"项目辅助账"|"项目总账"|"项目科目总账"命令，进入"项目总账"界面，查看生产成本本期借方发生额，作为产成品成本分配依据，如图 7-9 所示。

WK12.flv

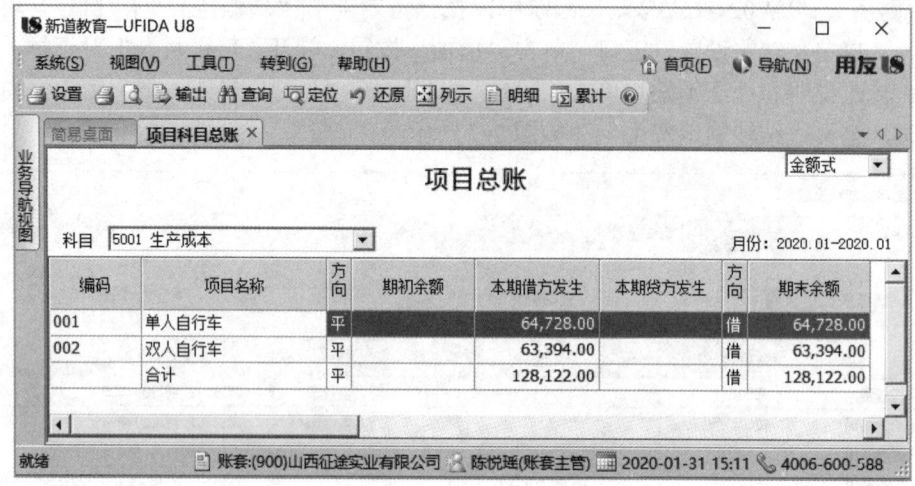

图 7-9 "项目总账"界面

(2) 在"存货核算"系统中，执行"业务核算"|"产成品成本分配"命令，进入"产成品成本分配"界面，单击"查询"按钮，选择"成品库"选项，将符合条件的记录添加至"产成品成本分配"表中，如图 7-10 所示。

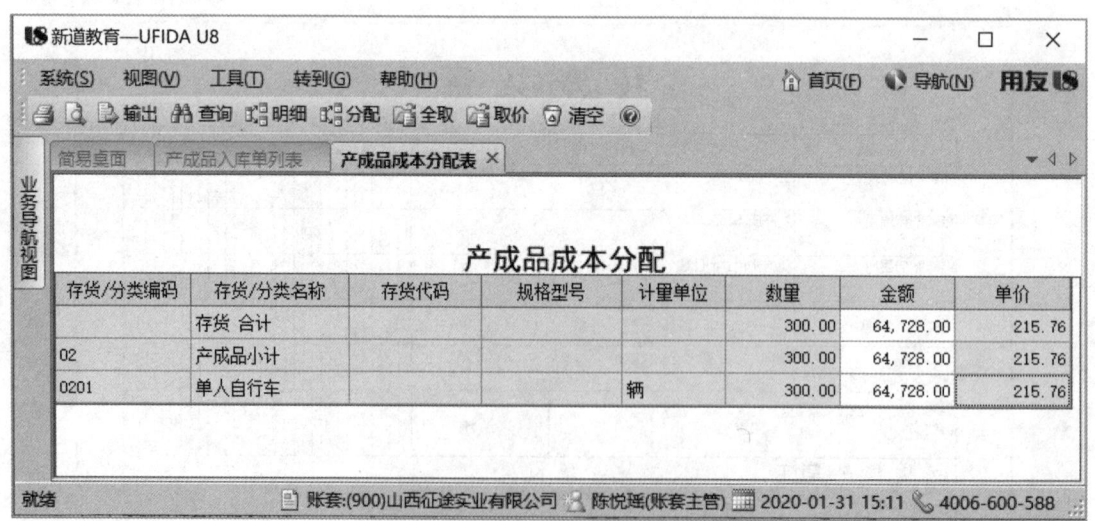

图 7-10 "产成品成本分配"界面

(3) 执行"业务核算"|"正常单据记账"命令，完成记账工作；执行"财务核算"|"生成凭证"命令，生成产成品入库凭证，审核并记账，如图 7-11、图 7-12 所示。

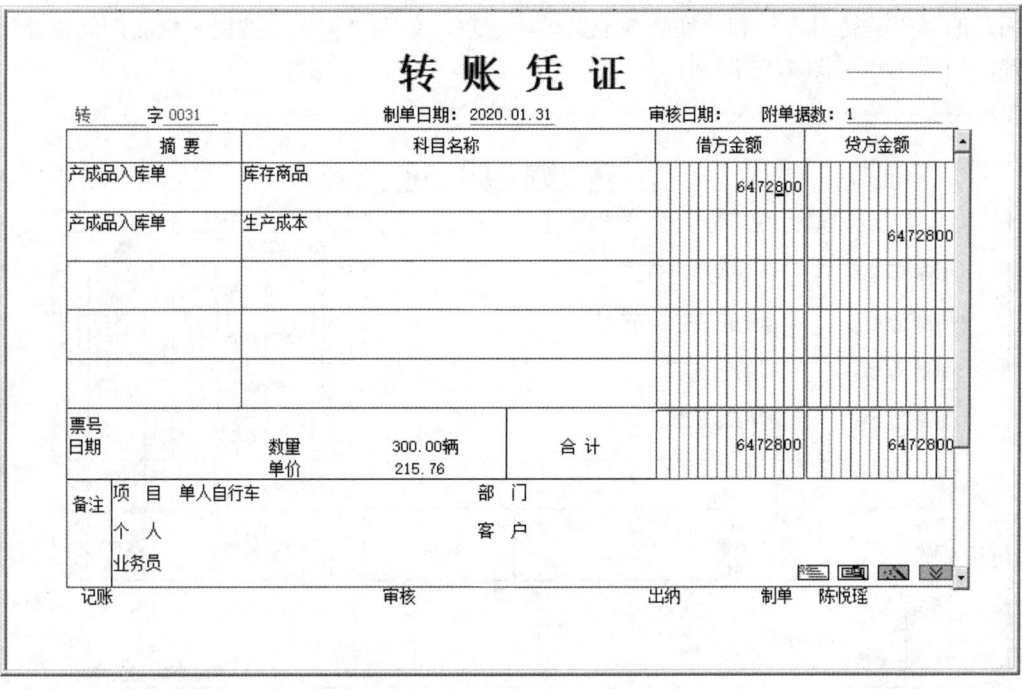

转账凭证

转　字 0031　　制单日期：2020.01.31　　审核日期：　　附单据数：1

摘要	科目名称	借方金额	贷方金额
产成品入库单	库存商品	6472800	
产成品入库单	生产成本		6472800
票号 日期	数量 300.00辆 单价 215.76 合计	6472800	6472800

备注　项　目　单人自行车　　部　门

个　人　　客　户

业务员

记账　　审核　　出纳　　制单　陈悦瑶

图 7-11　单人自行车入库凭证

转账凭证

转　字 0032　　制单日期：2020.01.31　　审核日期：　　附单据数：1

摘要	科目名称	借方金额	贷方金额
产成品入库单	库存商品	6339400	
产成品入库单	生产成本		6339400
票号 日期	数量 200.00辆 单价 316.97 合计	6339400	6339400

备注　项　目　双人自行车　　部　门

个　人　　客　户

业务员

记账　　审核　　出纳　　制单　陈悦瑶

图 7-12　双人自行车入库凭证

业务 5

31 日，结转本月收入和支出。

财务会计 W02 在“总账”系统中，执行“期末”|“转账生成”命令，进入“转账生成”

界面，选择“结转月份”和“期间损益结转”选项，单击“全选”按钮，生成期间损益结转凭证，如图 7-13～图 7-16 所示。

转账凭证

转 字 0033 - 0001/0004 制单日期：2020.01.31 审核日期： 附单据数：0

摘要	科目名称	借方金额	贷方金额
期间损益结转	本年利润	8717092	
期间损益结转	主营业务收入	21000000	
期间损益结转	主营业务收入	5000000	
期间损益结转	营业外收入	15000	
期间损益结转	主营业务成本		20000000
票号 日期	数量 单价 合计	34732092	34732092

备注 项目 部门 个人 客户 业务员

记账 审核 出纳 制单 陈悦瑶

图 7-13 期间损益结转凭证 1

转账凭证

转 字 0033 - 0002/0004 制单日期：2020.01.31 审核日期： 附单据数：0

摘要	科目名称	借方金额	贷方金额
期间损益结转	主营业务成本		4300000
期间损益结转	税金及附加		339092
期间损益结转	销售费用/工资		1650000
期间损益结转	销售费用/折旧		75000
期间损益结转	管理费用/折旧费		60000
票号 - 日期	数量 单价 合计	34732092	34732092

备注 项目 双人自行车 部门 个人 客户 业务员

记账 审核 出纳 制单 陈悦瑶

图 7-14 期间损益结转凭证 2

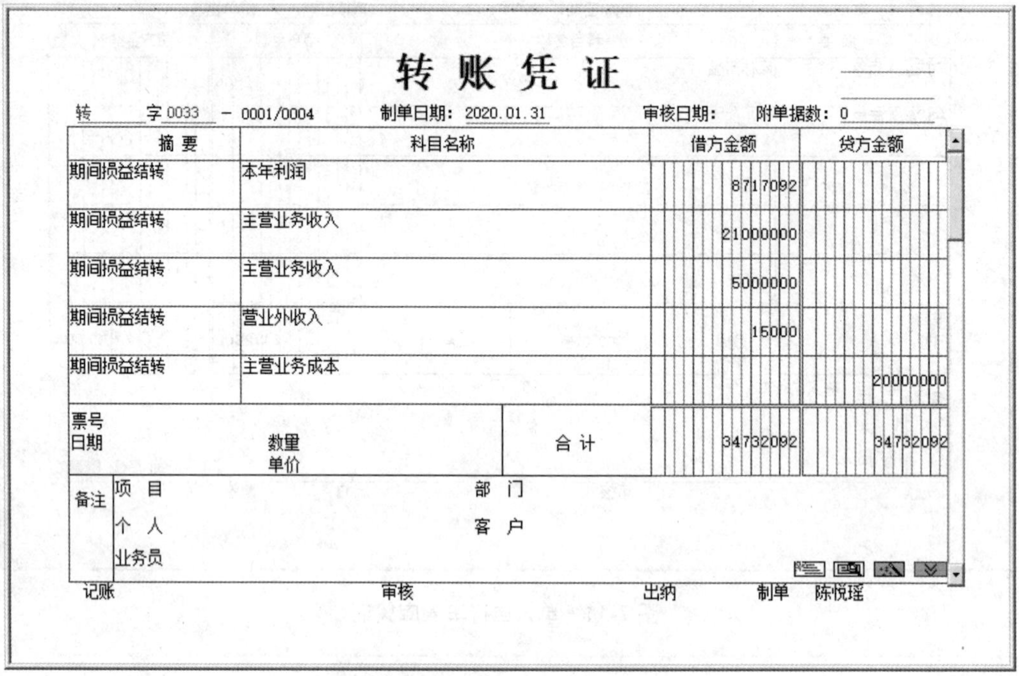

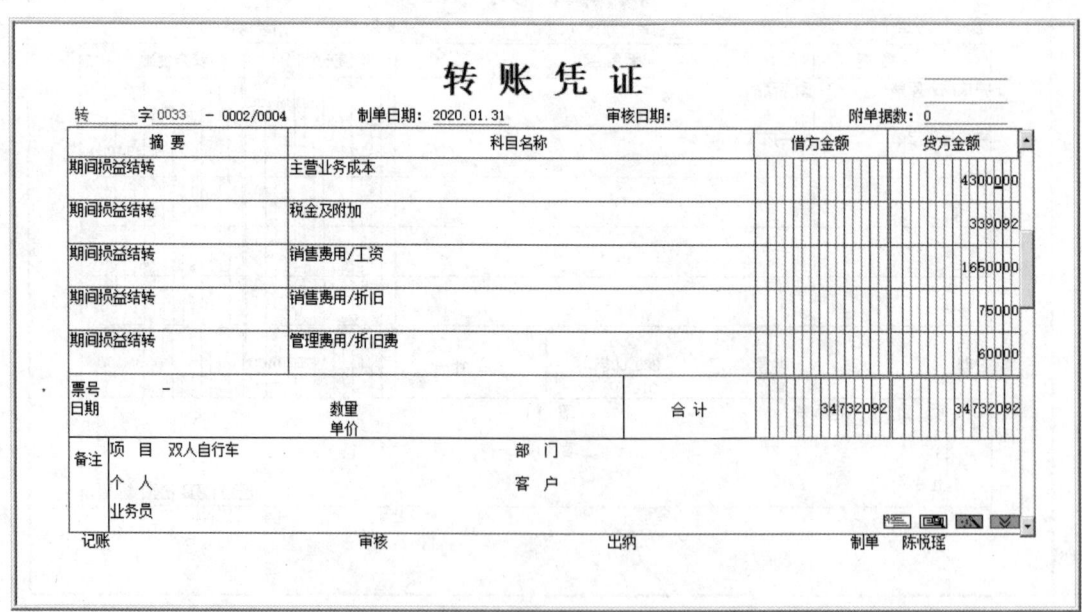

转账凭证

转 字0033 － 0003/0004　　制单日期：2020.01.31　　审核日期：　　附单据数：0

摘要	科目名称	借方金额	贷方金额
期间损益结转	管理费用/折旧费		80000
期间损益结转	管理费用/工资		1650000
期间损益结转	管理费用/工资		3740000
期间损益结转	管理费用/工资		660000
期间损益结转	管理费用/工资		770000
票号 － 日期	数量 单价	合计 34732092	34732092

备注　项目　　部门 财务部
个人　　客户
业务员

记账　　审核　　出纳　　制单 陈悦瑶

图 7-15　期间损益结转凭证 3

转账凭证

转 字 － 0004/0004　　制单日期：2020.01.31　　审核日期：　　附单据数：0

摘要	科目名称	借方金额	贷方金额
期间损益结转	管理费用/工资		770000
期间损益结转	管理费用/工资		770000
期间损益结转	管理费用/工资		550000
期间损益结转	财务费用/其他		88000
票号 日期	数量 单价	合计 34732092	34732092

备注　项目　　部门
个人　　客户
业务员

记账　　审核　　出纳　　制单 陈悦瑶

图 7-16　期间损益结转凭证 4

二、各子系统期末处理

(一)采购管理系统期末处理

1. 关闭已执行的采购订单

(1) 采购管理员 G01 在“采购管理”系统中执行“供应链”|“采购管理”|“采购订货”|“采购订单列表”命令，打开“过滤条件-采购订单列表窗口”对话框，直接过滤，打开“订

单列表"界面,如图 7-17 所示。

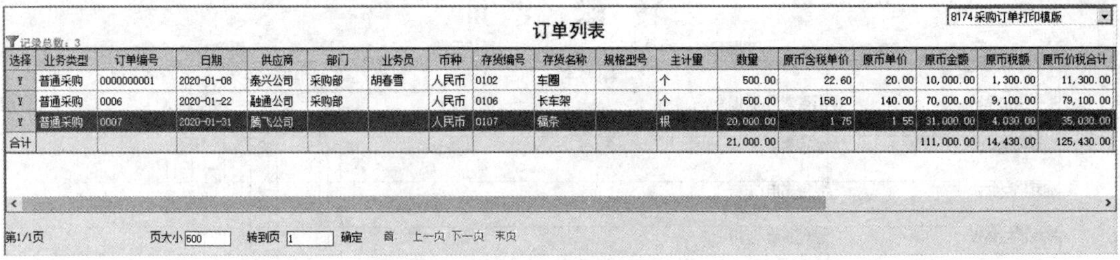

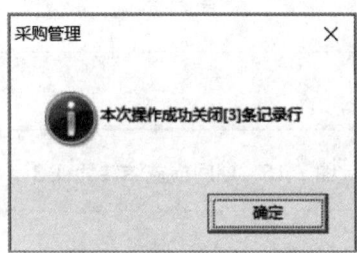

图 7-17 "订单列表"界面

(2) 双击已执行的订单(全选),单击"批关"按钮,完成批关操作,信息提示对话框如图 7-18 所示。

图 7-18 "采购管理"对话框

2. 采购管理系统月末结账

采购管理员 G01 在"采购管理"系统中执行"月末结账"命令,进入"月末结账"窗口。选中结账的月份,单击"结账"按钮,如图 7-19 所示。系统自动进行月末结账,月末结账完毕,在"是否结账"栏显示"是"字样。

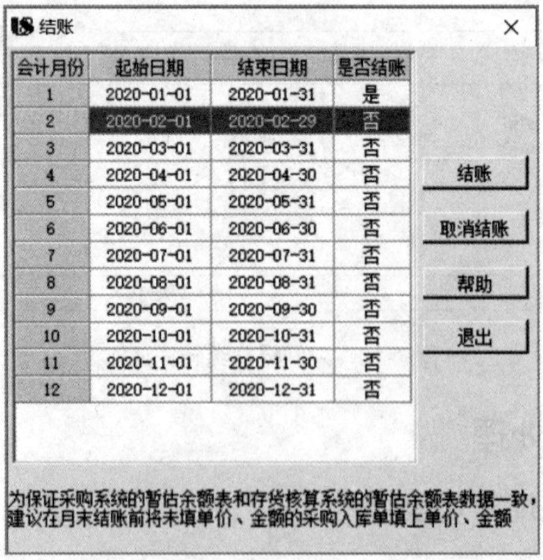

图 7-19 "结账"对话框

(二)销售管理系统期末处理

1. 关闭已执行的销售订单

(1) 销售管理员 X01 在"销售管理"系统中执行"供应链"|"销售管理"|"销售订货"|"订单列表"命令,打开"过滤条件-销售订单列表窗口"对话框,直接过滤,打开"订单列表"界面。

(2) 双击"选择",选择已执行的订单(全选),单击"批关"按钮,完成批关操作。

2. 销售管理系统月末结账

销售管理员 X01 在"销售管理"系统中执行"月末结账"命令,进入"月末结账"窗口,其中蓝条位置是当前会计月,单击"月末结账"按钮,系统开始结账,月末结账完毕,在"是否结账"栏显示"是"字样。

(三)库存管理系统期末处理

1. 库存管理系统月末对账

(1) 库存管理员 C01 在"库存管理"系统中执行"供应链"|"库存管理"|"对账"|"库存与存货对账"命令,打开"库存存货对账"对话框,输入对账月份"1",勾选"包含未审核单据"复选框,如图 7-20 所示。

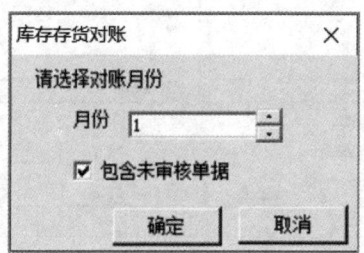

图 7-20 "库存存货对账"对话框

(2) 单击"确定"按钮,弹出"库存管理"对话框,单击"确定"按钮即可,如图 7-21 所示。

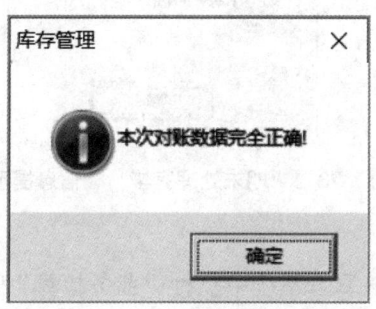

图 7-21 "库存管理"对话框

2. 库存管理系统月末结账

库存管理员 C01 在"库存管理"系统中执行"月末结账"命令,进入"结账处理"窗口,单击"结账"按钮,在"已经结账"栏显示"是"字样。

(四)存货核算系统期末处理

1. 对原材料库、成品一库及成品二库进行期末处理

财务会计 W02 在"存货核算"系统中执行"业务核算"|"期末处理"命令,打开"期末处理"对话框。选择要进行期末处理的仓库,如图 7-22 所示,单击"处理"按钮,系统弹出"期末处理完毕!"信息提示,如图 7-23 所示,单击"确定"按钮,返回"期末处理"对话框,即可完成对所选仓库的期末处理。

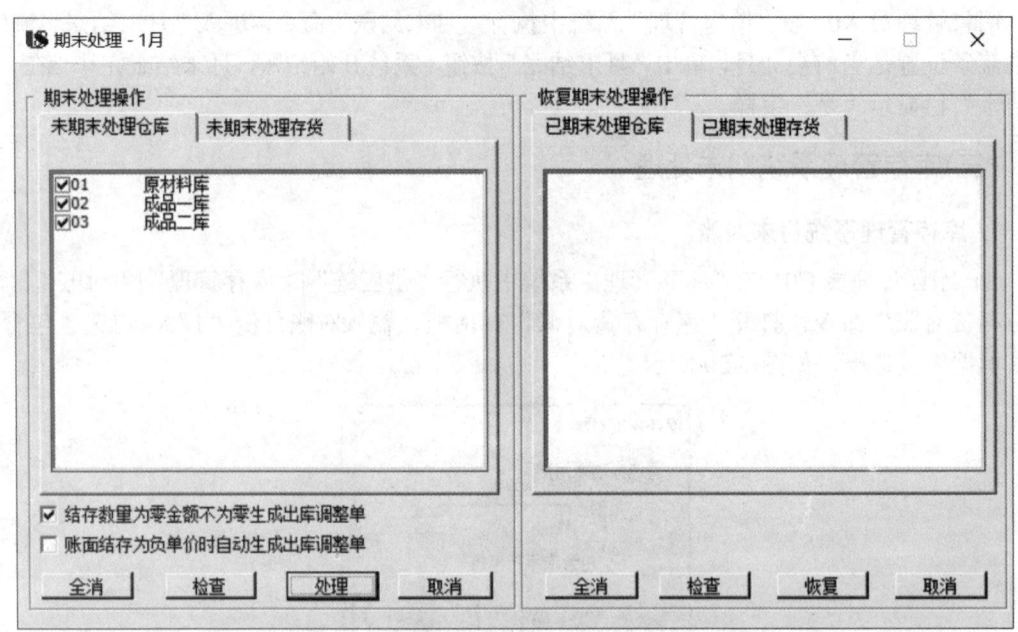

图 7-22 "期末处理"对话框

图 7-23 "期末处理完毕!"信息提示

2. 存货核算系统月末结账

财务会计 W02 在"存货核算"系统中执行"业务核算"|"月末结账"命令,进入"月末结账"窗口,单击"确定"按钮,系统提示"月末结账完成",确定后返回。

(五)薪资管理系统月末结账

财务会计 W02 在"薪资管理"系统中执行"工资类别"|"打开工资类别"命令,选择

并打开"在职人员"工资类别;执行"业务处理"|"月末处理"命令,打开"月末处理"对话框,如图7-24所示,单击"确定"按钮,出现提示信息后单击"是"按钮,继续进行月末处理。选择清零项目:缺勤扣款、缺勤天数,如图7-25所示,单击"确定"按钮。系统提示"月末处理完毕",确定后返回,完成月末结账。

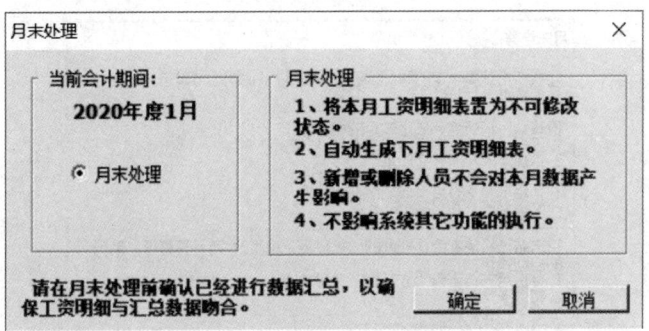

图7-24 "月末处理"对话框

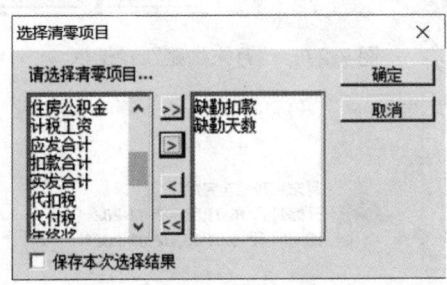

图7-25 "选择清零项目"对话框

(六)固定资产管理系统期末处理

1. 固定资产管理系统月末对账

财务会计W02在"固定资产管理"系统中执行"处理"|"对账"命令,系统给出与账务系统对账结果:平衡,如图7-26所示。单击"确定"按钮即可。

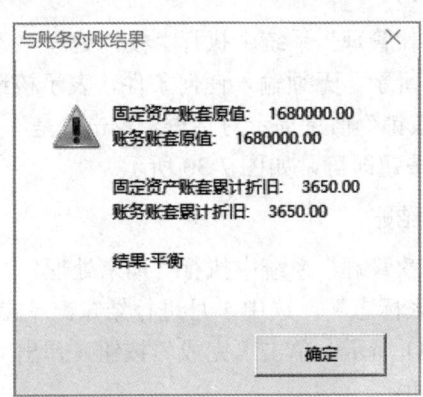

图7-26 "与账务对账结果"对话框

2. 固定资产管理系统月末结账

执行"处理"|"月末结账"命令,打开"月末结账"对话框,如图7-27所示,单击"开始结账"按钮,系统开始结账。系统给出结账后的提示信息,如图7-28所示,确定后返回,完成结账。

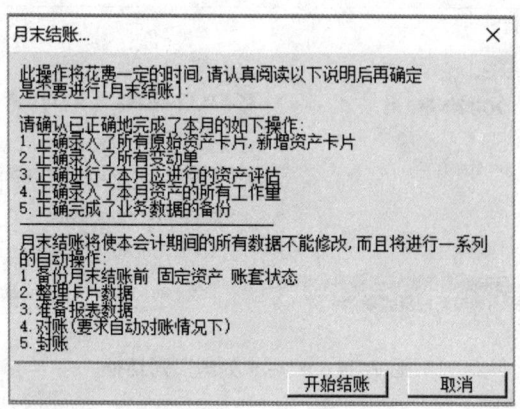

图7-27 "月末结账"对话框

图7-28 "月末结账成功完成!"信息提示

(七)应收款管理系统期末处理

1. 往来款项月末自动核销

财务会计W02在"应收款管理"系统中执行"核销处理"|"自动核销"命令,打开"核销条件"对话框,如图7-29所示。无须输入任何条件,表示核销所有的客户,单击"确定"按钮,弹出"是否进行自动核销"信息提示对话框,单击"是"按钮,弹出"自动核销报告"对话框,然后单击"确定"按钮即可,如图7-30所示。

2. 应收款管理系统月末结账

财务会计W02在"应收款管理"系统中执行"期末处理"|"月末结账"命令,打开"月末处理"对话框,双击"结账标志",选中1月进行结账。单击"下一步"按钮,报告本月是否全部处理完成,如图7-31所示,单击"完成"按钮,弹出"1月份结账成功"信息提示对话框,单击"确定"按钮即可。

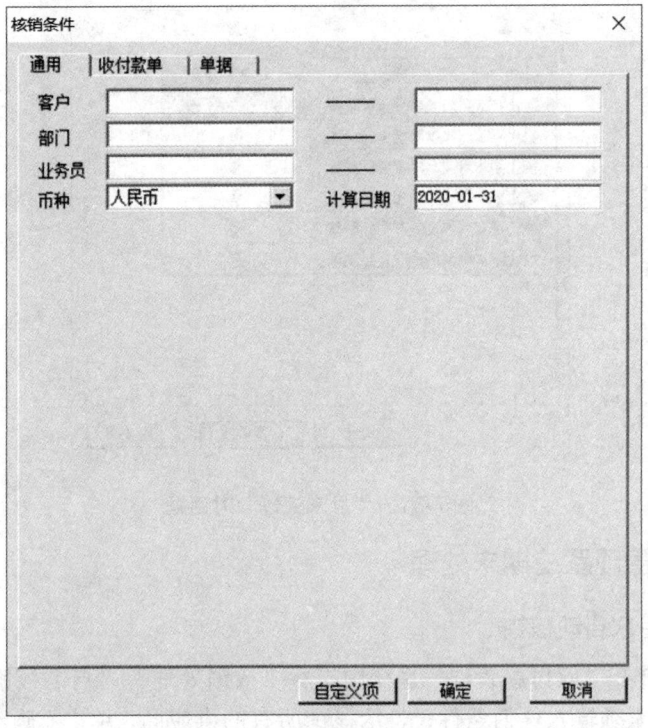

图 7-29 "核销条件"对话框

图 7-30 "自动核销报告"对话框

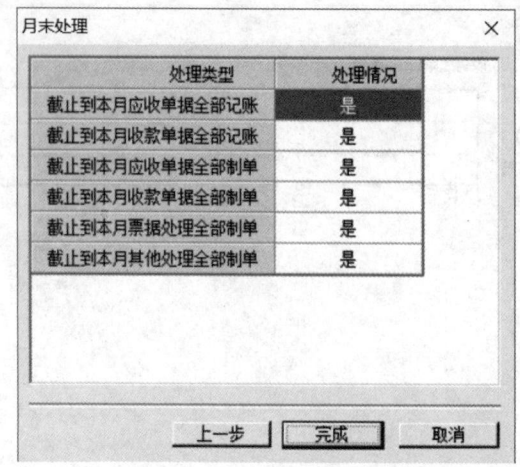

图 7-31 "月末处理"对话框

(八)应付款管理系统期末处理

1. 往来款项月末自动核销

财务会计 W02 在"应付款管理"系统中执行"核销处理"|"自动核销"命令,打开"核销条件"对话框,无须输入任何条件,表示核销所有的供应商,单击"确定"按钮,弹出"是否进行自动核销"信息提示对话框,单击"是"按钮,弹出"自动核销报告"对话框,然后单击"确定"按钮即可。

2. 应付款管理系统月末结账

财务会计 W02 在"应付款管理"系统中执行"期末处理"|"月末结账"命令,打开"月末处理"对话框,双击"结账标志",选中 1 月进行结账。单击"下一步"按钮,报告本月是否全部处理完成,单击"完成"按钮,弹出"1 月份结账成功"信息提示对话框,单击"确定"按钮即可。

(九)总账管理系统期末处理

1. 总账管理系统月末对账

财务会计 W02 在"总账管理"系统中执行"期末"|"结账"命令,进入"对账"窗口。双击 2020 年 1 月"是否对账",打上 Y 标志,单击"对账"按钮,系统自动核对各种账簿,并显示对账结果为"正确"。

2. 总账管理系统月末结账

财务会计 W02 在"总账管理"系统中执行"期末"|"结账"命令,进入"结账"窗口。选择 2020 年 1 月,单击"下一步"按钮。单击"对账"按钮,系统再次进行结账前的对账操作。对账完毕后,单击"下一步"按钮。查看月度报告,如图 7-32 所示,正确后单击"下一步"按钮。单击"结账"按钮,完成结账,如图 7-33 所示。

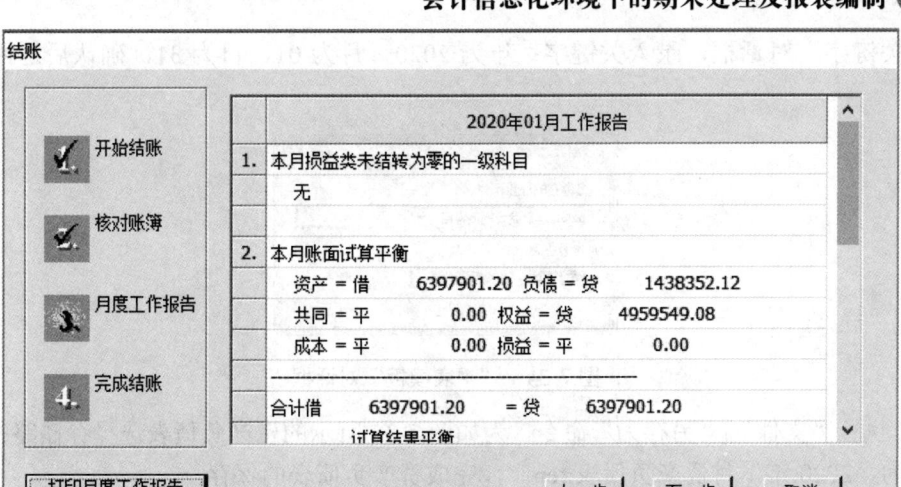

图 7-32 "结账"对话框——月度工作报告

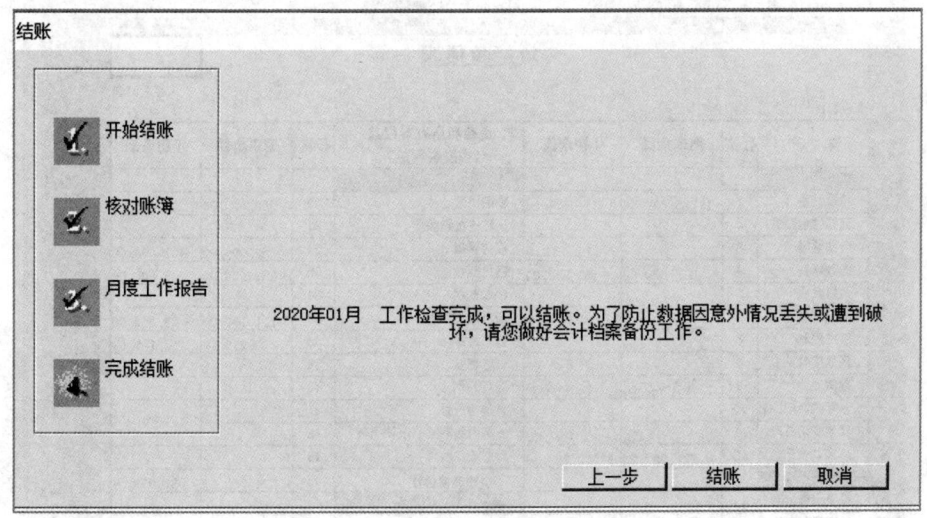

图 7-33 "结账"对话框——完成结账

第二节 报表编制

一、资产负债表

财务会计 W02 在"UFO 报表"系统中,利用模板生成 2020 年 1 月的资产负债表。

(1) 财务会计 W02 在"UFO 报表"系统中执行"文件"|"新建"命令,出现一张空白报表,进入格式设计状态。

(2) 调用资产负债表模板。在格式状态下执行"格式"|"报表模板"命令,打开"报表模板"对话框,选择"2007 年新会计制度科目"和"资产负债表"选项,如图 7-34 所示,确认覆盖当前表格式,即可打开资产负债表模板。

(3) 生成资产负债表数据。在数据状态下执行"数据"|"关键字"|"录入"命令,打开

“录入关键字”对话框，录入关键字：年为 2020，月为 01，日为 31，确认后返回重算第 1 页。

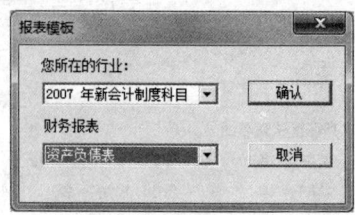

图 7-34　“报表模板”对话框

(4) 执行“文件”|“另存为”命令，为如图 7-35 所示的资产负债表选择存储路径，修改文件名为“2020 年 1 月资产负债表.rep”，完成资产负债表的保存。

演示数据

资产负债表

会企01表

单位名称：山西征途实业有限公司　2020 年　1 月　31 日　单位:元

资　产	行次	期末余额	年初余额	负债和所有者权益（或股东权益）	行次	期末余额	年初余额
流动资产：				流动负债：			
货币资金	1	1,715,839.20	1,367,579.54	短期借款	32	200,000.00	200,000.00
交易性金融资产	2			交易性金融负债	33		
应收票据	3		113,000.00	应付票据	34	452,000.00	452,000.00
应收账款	4	337,830.00	450,830.00	应付账款	35	239,024.00	143,000.00
预付款项	5			预收款项	36		
应收利息	6			应付职工薪酬	37	111,100.00	33,454.00
应收股利	7			应交税费	38	22,228.12	103,125.54
其他应收款	8			应付利息	39		
存货	9	2,667,882.00	2,780,890.00	应付股利	40		
一年内到期的非	10			其他应付款	41		
其他流动资产	11			一年内到期的非流动负债	42		
流动资产合计	12	4,721,551.20	4,712,299.54	其他流动负债	43		
非流动资产：				流动负债合计	44	1,024,352.12	931,579.54
可供出售金融资	13			非流动负债：			
持有至到期投资	14			长期借款	45	414000.00	414000.00
长期应收款	15			应付债券	46		
长期股权投资	16			长期应付款	47		
投资性房地产	17			专项应付款	48		
固定资产	18	1,676,350.00	1,680,000.00	预计负债	49		
在建工程	19			递延所得税负债	50		
工程物资	20			其他非流动负债	51		
固定资产清理	21			非流动负债合计	52	414000.00	414000.00
生产性生物资产	22			负债合计	53	1438352.12	1345579.54
油气资产	23			所有者权益（或股东权益）：			
无形资产	24			实收资本（或股本）	54	5,046,720.00	5,046,720.00
开发支出	25			资本公积	55		
商誉	26			减：库存股	56		
长期待摊费用	27			盈余公积	57		
递延所得税资产	28			未分配利润	58	-87,170.92	
其他非流动资产	29			所有者权益（或股东权益）合计	59	4,959,549.08	5,046,720.00
非流动资产合	30	1676350.00	1680000.00				
资产总计	31	6397901.20	6392299.54	债和所有者权益（或股东权益）总	60	6,397,901.20	6,392,299.54

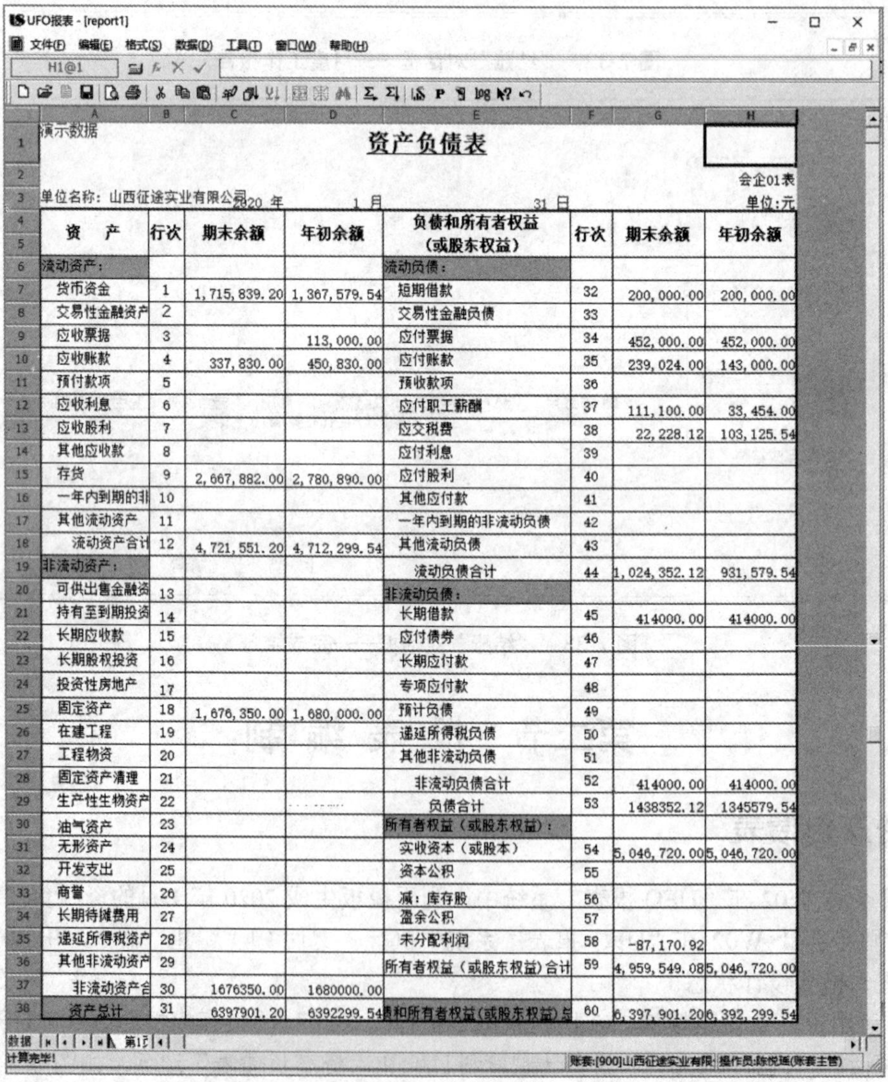

图 7-35　“资产负债表”界面

二、利润表

财务会计 W02 在"UFO 报表"系统中,利用模板生成 2020 年 1 月的利润表。

(1) 财务会计 W02 在"UFO 报表"系统中执行"文件"|"新建"命令,出现一张空白报表,进入格式设计状态。

(2) 调用利润表模板。在格式状态下执行"格式"|"报表模板"命令,打开"报表模板"对话框,选择"2007 年新会计制度科目"和"利润表"选项,确认覆盖当前表格式。

(3) 生成利润表数据。在数据状态下执行"数据"|"关键字"|"录入"命令,打开"录入关键字"对话框,录入关键字:年为 2020,月为 01,确认后重算第 1 页返回。

(4) 执行"文件"|"另存为"命令,为如图 7-36 所示的利润表选择存储路径,修改文件名为"2020 年 1 月利润表.rep",完成利润表的保存。

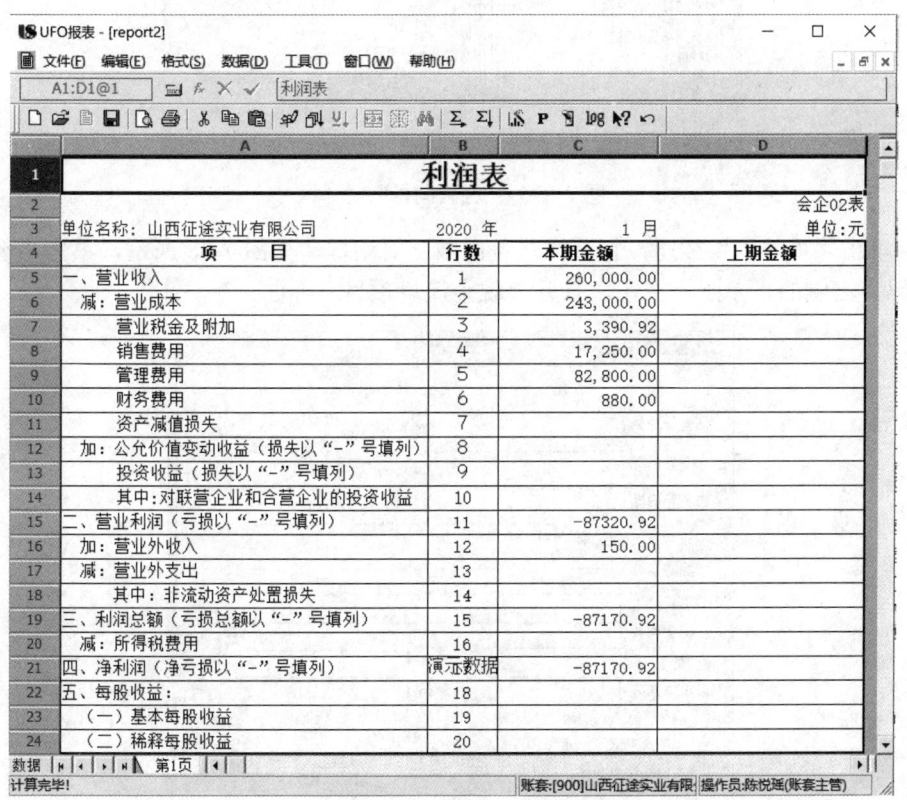

图 7-36 "利润表"界面

三、现金流量表

财务会计 W02 在"UFO 报表"系统中,利用模板生成 2020 年 1 月的现金流量表。

1. 财务会计 W02 在"UFO 报表"系统中执行"文件"|"新建"命令,出现一张空白报表,进入格式设计状态。

2. 调用现金流量表模板。在格式状态下执行"格式"|"报表模板"命令,打开"报表模板"对话框,选择"2007 年新会计制度科目"和"现金流量表"选项,确认覆盖当前表格式。

3. 调整报表模板。在格式状态下,引导输入调整报表公式。

(1) 选中 C6 单元格,单击 fx 按钮,打开"定义公式"对话框。

(2) 单击"函数向导"按钮,打开"函数向导"对话框。

(3) 在"函数分类"列表框中选择"用友账务函数"选项,在右侧的"函数名"列表框中选择"现金流量项目金额(XJLL)"选项,如图 7-37 所示。

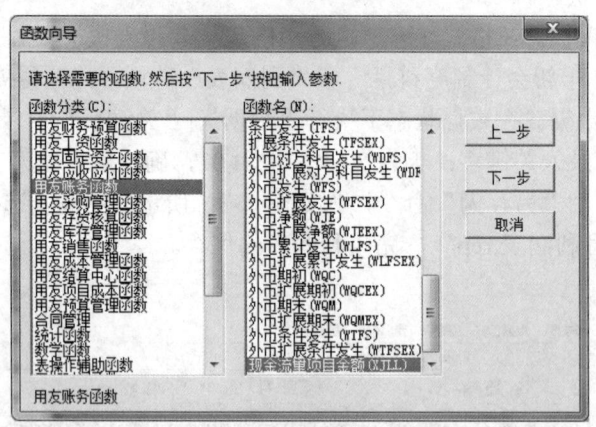

图 7-37 "函数向导"对话框

(4) 单击"下一步"按钮,打开"账务函数"对话框,如图 7-38 所示,单击"现金流量项目编码"右侧的"参照"按钮,打开"现金流量项目"界面。

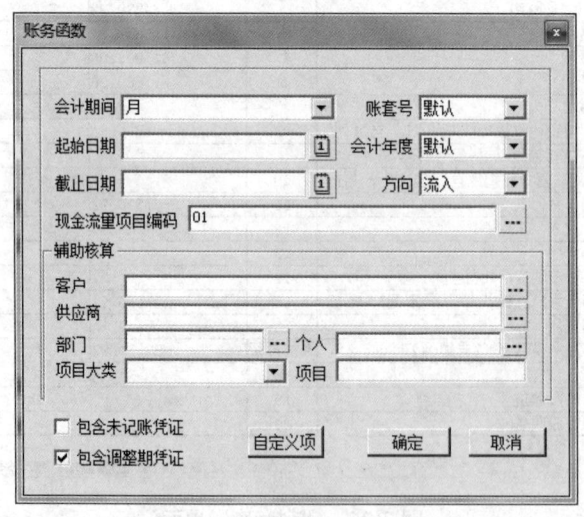

图 7-38 "账务函数"对话框

(5) 双击选择与 C6 单元格左侧相对应的项目,单击"确定"按钮,返回到"账务函数"对话框,单击"确定"按钮。

(6) 返回"定义公式"对话框,如图 7-39 所示,单击"确认"按钮,单元格中显示"公式单元"字样。

(7) 以此类推,录入其他单元格公式后单击"保存"按钮,保存调整后的报表模板。

图 7-39 "定义公式"对话框

4. 生成现金流量表数据。在数据状态下执行"数据"|"关键字"|"录入"命令,打开"录入关键字"对话框,录入关键字:单位名称为"雄龙公司",年为 2020,月为 01,确认后重算第 1 页返回。

5. 执行"文件"|"另存为"命令,为如图 7-40 所示的现金流量表选择存储路径,修改文件名为"2020 年 1 月现金流量表.rep",完成现金流量表的保存。

图 7-40 "现金流量表"界面

参 考 文 献

[1] 孙波,张淑萍,赵丽光. 会计信息化综合实训[M]. 北京:清华大学出版社,2019.
[2] 刘大斌,王新玲,鄢莉莉,白晶. 会计信息系统实验教程[M]. 北京:清华大学出版社,2019.
[3] 王新玲,汪刚. 会计信息系统实验教程[M]. 北京:清华大学出版社,2018.
[4] 孙万军. 会计信息化综合实训[M]. 北京:清华大学出版社,2019.
[5] 牛永芹,杨琴,陶克三. 会计信息系统综合实训[M]. 北京:高等教育出版社,2020.
[6] 王家清,李楚斌,何耀华,黎家秀. 会计信息化综合实训指导书[M]. 天津:天津大学出版社,2019.
[7] 孙义,柏宏伟. 会计信息化综合模拟实训[M]. 北京:高等教育出版社,2029.
[8] 张耀武. 会计综合实训——业务财务一体化[M]. 北京:清华大学出版社,2020.
[9] 汪刚,付奎亮. 会计信息化实用教程[M]. 北京:清华大学出版社,2014.
[10] 宋红尔,赵德良. 会计信息化综合实训[M]. 大连:东北财经大学出版社,2019.
[11] 张星. 会计信息化综合实训教程[M]. 上海:立信会计出版社,2019.
[12] 毛元青,郭红. 会计信息系统[M]. 北京:科学出版社,2018.
[13] 彭飞. 会计信息系统[M]. 北京:清华大学出版社,2018.
[14] 梁丽谨,辛茂荀. 会计信息系统[M]. 北京:中国财政经济出版社,2013.
[15] 王新玲,刘春梅. 会计信息化应用教程[M]. 北京:清华大学出版社,2017.
[16] 万新焕. 新编会计信息化教程[M]. 北京:电子工业出版社,2018.
[17] 刘瑞武,詹阳,余漱峰. 会计信息系统[M]. 北京:人民邮电出版社,2018.
[18] 杨周南,赵纳晖,陈翔. 会计信息系统[M]. 大连:东北财经大学出版社,2014.